林区工院校——材料及控熨装备教材规划编委会

主 任：童军华

副主任：王英年

委 员：（以姓氏笔画为序）

刘 忠 白英才 朱永黄 刘瑞生 初

祥林学 弘 邢 沐继磐 秀 昭 高连达

梁 郑刚 童华林 秦义生 吴训远

技工院校一体化课程教学改革规划教材编审委员会

主　任：童华强

副主任：包英华

委　员（以姓氏笔画为序）

仪　忠　包英华　朱永亮　刘雁生　刘　斌

轩书堂　张　萌　张献锋　袁　騉　商建东

韩　强　程　华　童华强　蔡夕忠　廖振勇

技工院校一体化课程教学改革规划教材

汽车电器
一般故障诊断与排除

QICHE DIANQI YIBAN GUZHANG ZHENDUAN YU PAICHU GONGZUOYE

工作页

张萌 ◎ 主编　　童华强 ◎ 主审
陈立凯　李景芝 ◎ 副主编

化学工业出版社
·北京·

本书按照职业活动导向的教学思路设计，选取了四个方面的典型工作任务，即途胜自动空调不制冷故障诊断与排除、悦动电动门窗不工作故障诊断与排除、速腾防盗报警故障诊断与排除、迈腾随动转向大灯失效故障诊断与排除。每个任务都按照实际工作的流程进行设计，把理论知识和操作技能有效地进行了融合。学生在完成任务的过程中，学到了知识和技能；在学习的过程中，体验了完整的工作过程，真正完成了工作和学习的统一。

本书图文结合，内容详尽完整，可作为技工院校汽车专业教材，也可供相关技术人员培训参考使用。

图书在版编目(CIP)数据

汽车电器一般故障诊断与排除工作页/张萌主编.—北京：化学工业出版社，2015.5（2023.9重印）
技工院校一体化课程教学改革规划教材
ISBN 978-7-122-21362-4

Ⅰ.①汽… Ⅱ.①张… Ⅲ.①汽车-电气设备-故障诊断②汽车-电气设备-故障修复 Ⅳ.①U472.41

中国版本图书馆CIP数据核字（2014）第153858号

责任编辑：郝英华　唐旭华　　　　　　　　　　　　装帧设计：韩　飞
责任校对：王　静

出版发行：化学工业出版社（北京市东城区青年湖南街13号　邮政编码100011）
印　　装：北京科印技术咨询服务有限公司数码印刷分部
787mm×1092mm　1/16　印张12½　字数302千字　2023年9月北京第1版第2次印刷

购书咨询：010-64518888　　　　　　　　　　售后服务：010-64518899
网　　址：http://www.cip.com.cn
凡购买本书，如有缺损质量问题，本社销售中心负责调换。

定　价：40.00元　　　　　　　　　　　　　　　　版权所有　违者必究

前　言

汽车电器一般故障诊断与排除工作页

当今，国家实力的竞争是创造力水平的竞争，是制造业水平的竞争，而要想从制造业大国变成制造业强国，主要是人才的竞争。在人才的培养中，职业教育人才培养起到了举足轻重的作用。2005年，国务院召开全国职业教育工作会议，印发了《国务院关于大力发展职业教育的决定》，特别强调："要把发展职业教育作为经济社会发展的重要基础和教育工作的战略重点。"2009年12月，胡锦涛指出："没有一流的技工，就没有一流的产品。"2012年5月，在第三届国际职业技术教育大会上，联合国教科文组织总干事这样评价中国的职业教育："规模大、就业率高的中国职业教育为世界提供了经验。"2014年6月，国务院召开全国职业教育工作会议，使我国职业教育进入了一个全新的发展阶段。

近几年来，在国家政策的引导下，全国各职业院校推动"以就业为核心，以能力为导向，以职业活动为基础"的教学改革，改进了传统教学模式，将理论和实践技能进行良好整合，让学生"在工作中学习，在学习中工作"，学生学习的兴趣得到了激发，学习的目标更加明确，学习的成就感更强，改革取得了明显的效果。实践证明，只有改革职业教育才有出路。

北京工业技师学院在2004年实施教学改革，经过十多年摸索、探讨，总结出了一套适合职业院校学生学习的教学模式，且独创了课程体系的"鱼骨图开发技术"，真正以课程为载体，以职业活动导向为基础，以就业为导向，让学生在快乐的学习中受益。

本书是在院领导的指导下完成的，主要包括四个方面的任务，即途胜自动空调不制冷故障诊断与排除、悦动电动门窗不工作故障诊断与排除、速腾防盗报警故障诊断与排除、迈腾随动转向大灯失效故障诊断与排除。每个任务都按照工作的流程，职业活动导向的思路设计，引导学生在完成任务的过程中学习知识。

本书由张萌任主编，陈立凯、李景芝任副主编，童华强任主审，高永平、赵超、刘雁生、戴庆海、姚志刚、王东东、张爱青参与编写。

因笔者水平所限，书中难免存在不足之处，恳请广大读者批评指正。

编者
2015年5月

目 录

汽车电器一般故障诊断与排除工作页

任务一　　途胜自动空调不制冷故障诊断与排除 ———————— 1
　　一、工作情境描述 ··· 1
　　二、学习活动及学时分配表 ····································· 1
　学习活动一：任务分析及检查 ······································ 2
　　一、接受工作任务 ··· 3
　　二、确认故障现象 ··· 4
　　三、分析故障案例 ··· 4
　　四、分析自动空调系统组成与工作原理 ··························· 5
　　五、描述途胜空调操作面板按钮的作用和使用方法 ················· 6
　　六、画出途胜自动空调系统不制冷的鱼骨图 ······················· 8
　　七、评价表 ··· 9
　学习活动二：制订方案 ··· 11
　　一、描述自动空调制冷系统工作原理 ···························· 12
　　二、描述制冷系统各部件的组成和工作原理 ······················ 14
　　三、描述电子控制系统组成及工作原理 ·························· 19
　　四、编制检查步骤 ·· 24
　　五、编制工量具清单 ·· 24
　　六、编制维修方案 ·· 25
　　七、评价表 ·· 26
　学习活动三：实施维修 ··· 28
　　一、检查准备工作 ·· 29
　　二、检查途胜自动空调制冷系统并填写记录单 ···················· 29
　　三、检查途胜自动空调电子控制系统并填写记录单 ················ 37
　　四、操作评价表 ·· 46
　　五、评价表 ·· 47
　学习活动四：竣工检验 ··· 48
　　一、查询空调检验标准 ·· 49
　　二、检验空调工作性能并填写记录单 ···························· 49
　　三、成本估算 ·· 54

	四、使用与保养建议	54
	五、评价表	55
学习活动五：总结拓展		57
	一、撰写技术总结	58
	二、知识拓展	60
	三、评价表	65
	四、项目总体评价	66

任务二　悦动电动门窗不工作故障诊断与排除　　67

	一、工作情境描述	67
	二、学习活动及学时分配表	67
学习活动一：任务分析及检查		68
	一、接受工作任务	69
	二、确认故障现象	70
	三、分析故障案例	70
	四、描述电动门窗的特点和组成	70
	五、编制悦动电动门窗不工作鱼骨图	73
	六、评价表	74
学习活动二：制订方案		76
	一、描述电动门窗组成及部件工作原理	77
	二、分析电动门窗电路图描述电流的流向	78
	三、编制检查步骤	82
	四、编制工量具清单	82
	五、编制维修方案	83
	六、评价表	84
学习活动三：实施维修		86
	一、检查准备工作	87
	二、检查电动门窗部件并填写记录单	88
	三、操作评价表	93
	四、评价表	95
学习活动四：竣工检验		96
	一、查询电动门窗检验标准	97
	二、实施检验并填写竣工检验单	97
	三、填写维修项目增项单	99
	四、成本核算	99
	五、使用与保养建议	100
	六、评价表	101
学习活动五：总结拓展		103
	一、撰写技术总结	104

二、总结拓展 ········· 105
　　三、评价表 ········· 107
　　四、项目总体评价 ········· 108

任务三　速腾防盗报警故障诊断与排除 ········· 109

　　一、工作情境描述 ········· 109
　　二、学习活动及学时分配表 ········· 109

学习活动一：任务分析及检查 ········· 110
　　一、接受工作任务 ········· 111
　　二、确认故障现象 ········· 112
　　三、分析故障案例 ········· 112
　　四、描述防盗系统的功能 ········· 112
　　五、编制速腾防盗报警故障鱼骨图 ········· 114
　　六、评价表 ········· 115

学习活动二：制订方案 ········· 117
　　一、速腾防盗系统各部件组成及工作原理 ········· 118
　　二、描述速腾防盗系统各部件的工作原理 ········· 119
　　三、编制检查步骤 ········· 121
　　四、编制工量具清单 ········· 122
　　五、编制维修方案 ········· 122
　　六、评价表 ········· 124

学习活动三：实施维修 ········· 126
　　一、检查准备工作 ········· 127
　　二、更换组合仪表并填写记录单 ········· 128
　　三、更换识读线圈 ········· 130
　　四、更换发动机控制单元后的自适应 ········· 132
　　五、操作评价表 ········· 133
　　六、评价表 ········· 134

学习活动四：竣工检验 ········· 135
　　一、查询防盗系统检验标准 ········· 136
　　二、防盗系统自诊断 ········· 136
　　三、填写竣工检验单 ········· 137
　　四、成本核算 ········· 138
　　五、使用与保养建议 ········· 138
　　六、评价表 ········· 139

学习活动五：总结拓展 ········· 141
　　一、撰写技术总结 ········· 142
　　二、总结拓展 ········· 143
　　三、评价表 ········· 147

四、项目总体评价 148

任务四　迈腾随动转向大灯失效故障诊断与排除　149

一、工作情境描述 149
二、学习活动及学时分配表 149

学习活动一：任务分析及检查 150
一、接受工作任务 151
二、确认故障现象 152
三、分析故障案例 152
四、描述迈腾随动转向大灯系统的作用 153
五、描述随动转向大灯系统的组成及工作原理 153
六、编制迈腾随动转向大灯功能失效故障鱼骨图 158
七、评价表 159

学习活动二：制订方案 160
一、描述迈腾随动转向大灯系统各部件组成及作用 161
二、总结迈腾随动转向大灯系统各部件检查内容 162
三、编制检查步骤 163
四、编制工量具清单 163
五、编制维修方案 163
六、评价表 165

学习活动三：实施维修 167
一、检查准备工作 168
二、检查控制单元并填写记录单 168
三、检查左/右侧大灯灯芯并填写记录单 172
四、检查电机并填写记录单 172
五、检查传感器并填写记录单 173
六、完成基本设定 173
七、操作评价表 176
八、评价表 177

学习活动四：竣工检验 178
一、查询电气检验标准 179
二、路试检查 179
三、填写竣工检验单 181
四、成本核算 182
五、使用与保养建议 182
六、评价表 183

学习活动五：总结拓展 184
一、撰写技术总结 185
二、总结拓展 186
三、评价表 188
四、项目总体评价 189

任务一
途胜自动空调不制冷故障诊断与排除

一、工作情境描述

李老师驾驶北京现代途胜SUV去郊区旅游,返回途中发现空调不制冷。随后将车辆送到4S店维修,经服务顾问检查试车后,确认为该车自动空调系统故障,报工时费500元,材料费在检查、拆解完毕后请客户签字确认。请4小时之内在车间完成故障排除,通过该学习任务,提出合理的维修方案,并核算成本给予客户解释,在交车时针对此故障现象提供合理的使用和保养建议。

工作过程确保安全并符合5S规范,大修后车辆符合GB 7258—2012《机动车运行安全技术条件》和《途胜汽车维修手册技术要求》。

二、学习活动及学时分配表

活动序号	学习活动	学时安排	备注
1	任务分析及检查	6学时	
2	制订方案	12学时	
3	实施维修	18学时	
4	竣工检验	4学时	
5	总结拓展	8学时	

学习活动一：任务分析及检查

建议学时：6学时

学习要求：明确"途胜空调不制冷"任务的工作要求，能够确定并分析故障现象，掌握空调系统的组成及作用，并编制空调不制冷鱼骨图。具体工作步骤及要求见表1-1-1。

表 1-1-1

序号	工作步骤	要　　求	时间	备注
1	识读任务书，确定故障现象	能快速准确明确任务要求并确定故障现象，在教师要求的时间内完成	1学时	
2	描述自动空调系统组成与作用	能够描述自动空调系统组成与作用，能够掌握空调各部件安装位置	4学时	
3	编制自动空调不制冷鱼骨图	根据自动空调的组成和作用分析故障原因编制鱼骨图	1学时	

任务一 途胜自动空调不制冷故障诊断与排除

一、接受工作任务

请根据工作情境描述填写接车单。

北京现代汽车____特约销售服务店接车单

顾客姓名		车牌号		车型		顾客电话	
VIN 号		行驶里程		车辆颜色		日期/时间	
客户问题描述							
免费保养☐		Km 常规保养☐		故障车☐		大修☐	其他☐
		① 天气条件:☐雨天 ☐晴天 ☐气温(度) ☐其他( )						
		② 路面条件:☐高速路 ☐水泥路 ☐沥青路 ☐砂石路 ☐其他( )☐平坦 ☐上坡 ☐下坡 ☐弯道(急/缓)☐其他( )						
		③ 行驶状态:☐高速 ☐低速 ☐加速(急/缓)☐减速(急/缓)☐滑行						
		④ 工作状态:☐冷机 ☐热机 ☐启动 ☐( )挡 ☐开空调 ☐其他( )						
		⑤ 发生频度:☐经常 ☐就一次 ☐不定期 ☐( )次 ☐其他( )						
		⑥ 其他:						
初期诊断项目							
预计费用:							
环车检查							

非索赔旧件		带走 ☐ 不带走 ☐	外观检查(有损坏处用"○"标记)
方向机		油量显示(用"→"标记)	
车内仪表			
车内电器		FULL	
点烟器			
座椅座垫			
车窗			
天窗			
后视镜			
安全带			
车内饰			
雨刮器		EMPTY	
全车灯光			
前车标		后车标	轮胎轮盖	随车工具	其他

接车人签字: 顾客签字:

注意:① 此单据中预估费用是预估费用,实际费用以结算单中最终费用为准。
② 将车辆交给维修店检修时,已提示将车内贵重物品自行收起并妥善保管。如有遗失维修店恕不负责。

公司地址: 邮政编码: 服务热线: 24 小时救援电话: 投诉电话:

3

二、确认故障现象

1. 描述实习车辆故障现象

_____

_____

_____

_____

_____

_____

2. 请写出故障确认方法（表 1-1-2）

表 1-1-2

经验确认法	仪器确认法	其他方法

三、分析故障案例

请根据工作情境描述的故障现象，查阅汽车维修手册或网络资源对案例进行分析（表 1-1-3）。

表 1-1-3

车型		故障现象	
故障原因			
维修方法			

四、分析自动空调系统组成与工作原理

1. 描述自动空调制冷系统各元件的名称（图1-1-1）

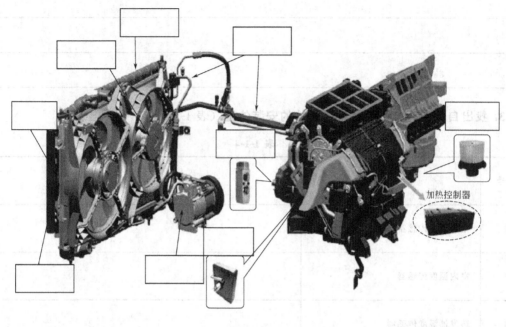

图1-1-1

2. 根据图1-1-2描述自动空调电子控制系统工作原理

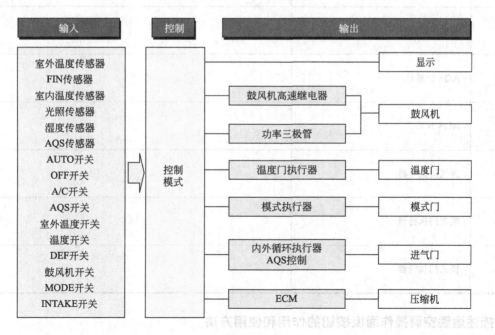

图1-1-2

_____

_____

_____

_____

3. 找出自动空调电子控制系统元件的安装位置（表 1-1-4）

表 1-1-4

序号	名　称	安装位置
1	室外温度传感器	
2	室内温度传感器	
3	蒸发器温度传感器	
4	光照度传感器	
5	湿度传感器	
6	AQS 传感器	
7	AQS 开关	
8	进气门执行器	
9	温度门执行器	
10	模式门执行器	

五、描述途胜空调操作面板按钮的作用和使用方法

1. 空调操作面板按钮的作用

图 1-1-3 所示为途胜空调操作面板，描述空调操作面板按钮的作用，填入表 1-1-5 中。

任务一 途胜自动空调不制冷故障诊断与排除

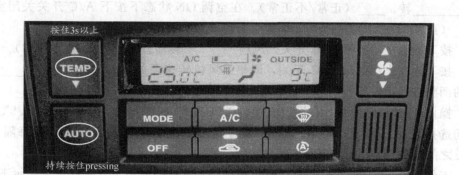

图 1-1-3

表 1-1-5

序号	名称	作用
1	TEMP 开关	
2	AUTO 开关	
3	MODE 开关	
4	OFF 开关	
5	A/C 开关	
6	进气开关	
7	上风口开关	
8	AQS 开关	
9	鼓风机开关	

2. 检查空调操作面板按钮并记录检查结果

（1）按下途胜自动空调 A/C 开关，打开空调出口_____（正常/不正常），发动机转

7

速上升_____转。____（正常/不正常）。在空调 ON 状态下按下 A/C 开关关闭空调出口_____（正常/不正常）。

（2）按下途胜自动空调 A/C 开关，风扇_____转动。____（正常/不正常）。

（3）按下途胜自动空调 A/C 开关，调整鼓风机转速开关。鼓风机转速_____能够随着开关的调整进行变化_____（正常/不正常）。

（4）操作 TEMP 开关时，在设定温度为 25℃时按下 DOWN 按钮，每隔 0.5℃在 17～25℃之间选择_____（正常/不正常）。在设定温度为 25℃时按下 UP 按钮每隔 0.5℃在 25～32℃之间选择_____（正常/不正常）。

（5）工作时按下 MODE 开关，在设定条件下，无论何时按下开关都重复显示下列内容。中风口—中风口—下风口—下风口—混合风口_____（正常/不正常）。

（6）在系统 OFF 或手动操作状态下，按下 AUTO 开关可将出风温度、风机转速、进风方式、和压缩机的控制设置成自动模式_____（正常/不正常）。

（7）工作时按下 OFF 开关，系统 OFF（在初始条件下保持 TEMP 和 MODE 进入并关闭鼓风机和压缩机）_____（正常/不正常）。

（8）按下车外新鲜空气导入与车内空气循环转换调节按钮，在排气条件下按下进气开关维持系统 OFF，进气门转换为进气模式，在进气条件下按下进气开关维持系统 OFF，进气门转换为排气模式_____（正常/不正常）。

（9）空气质量传感器 AQS 开关在 AQS 停止状态下，按下 AQS 开关当 AQS 工作时，按下 AQS 开关控制进气门。AQS 工作时，按下 AQS 开关，关闭 AQS 指示灯时，恢复选择 AQS 前的状态_____（正常/不正常）。

（10）按下前风挡除霜模式开关，通风模式风口：至上风口。当操作上风口模式时，按下上风口开关，返回上风口模式前的条件_____（正常/不正常）。

（11）按下途胜自动空调 A/C 开关，检查电磁离合器工作状态____（正常/不正常）。

（12）按下途胜自动空调 A/C 开关，检查空调高、低压管路温度，高压管路_____低压管路_____（正常/不正常）。

六、画出途胜自动空调系统不制冷的鱼骨图（图 1-1-4）

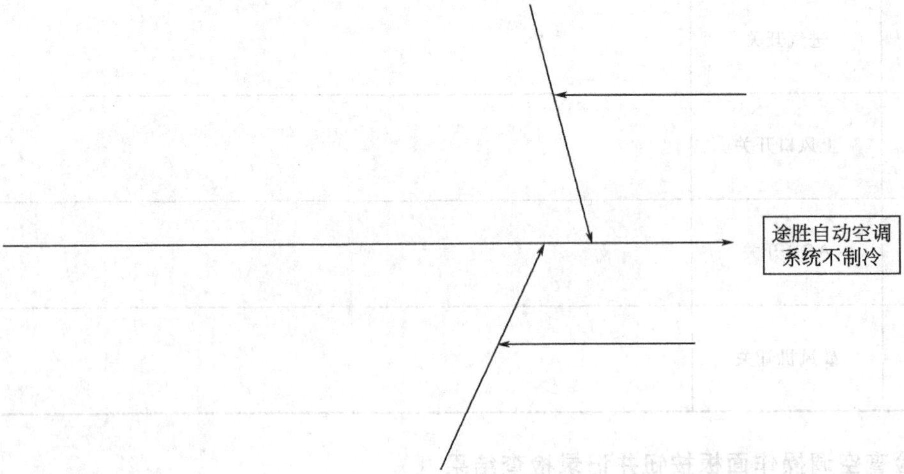

图 1-1-4

七、评价表

请根据表 1-1-6 要求对本活动中的工作和学习情况进行打分。

表 1-1-6

评分项目			配分/分	评分细则	自评得分	小组评价	教师评价
素养(20分)	纪律情况(5分)	不迟到、早退	1	违反一次不得分			
		积极思考回答问题	2	根据上课统计情况得1~2分			
		三有一无(有本、笔、书,无手机)	2	不符合要求不得分			
		执行教师命令	0	此为否定项,违规酌情扣10~100分,违反校规按校规处理			
	职业道德(5分)	能与他人合作	3	不符合要求不得分			
		追求完美	2	对工作精益求精(能提出改进建议)且效果明显得2分			
	5S(5分)	场地、设备整洁干净	2	使用的工位、设备整洁无杂物,得2分;不合格不得分			
		零部件、工具摆放	2	整齐规范得2分;不合格不得分			
		服装整洁,不佩戴饰物	1	全部合格得1分			
	综合能力(5分)	阅读理解能力	5	2min内正确描述任务名称及要求得5分;超时或表达不完整得3分;其余不得分			
		创新能力(加分项)	5	新渠道正确查阅资料、优化基本检查顺序等,视情况得1~5分			
核心技术(60分)	自动空调不制冷的任务分析(25分)	任务分析	3	完整得3分;漏一项扣1分			
		案例分析	3	全部正确得3分;错一项扣1分			
		确认故障现象	4	全部正确得4分;错一项扣1分			
		正确分析自动空调系统组成及作用	5	清晰准确得5分;其他不得分			
		资料使用	3	正确查阅维修手册得3分;错误不得分			
		时间要求	3	120min内完成得3分;每超过3min扣1分			
		质量要求	4	作业项目完整正确每项得1分;错项漏项一项扣2分			
		安全要求	0	违反一项不得分			
	编制鱼骨图(35分)	故障点(不低10个)	20	全部正确得20分;错一项扣2分;多一项加2分			
		层次结构正确	10	全部正确得10分;错一项扣2分			
		时间要求	5	35min内完成得5分;超时2分钟扣1分			
		提炼增项(加分项)	5	项目分类、顺序有创新,视情况得1~5分			

续表

评分项目			配分/分	评分细则	自评得分	小组评价	教师评价
工作页完成情况(20分)	按时完成工作页	按时提交	5	按时提交5分；迟交不得分			
		内容完成程度	5	按情况分别得1~5分			
		回答准确率	5	视情况分别得1~5分			
		字迹书面整洁	5	视情况分别得1~5分			
总分							
综合得分(自评20%,小组评价30%,教师50%)							

教师评价签字：　　　　　　　　　　　　　　　组长签字：

请根据以上打分情况，对本活动当中的工作和学习状态进行总体评述（从素养的自我提升方面、职业能力的提升方面进行评述，分析自己的不足之处，描述对不足之处的改进措施）。

教师指导意见：

学习活动二：制订方案

建议学时：12 学时

学习要求：能够描述自动空调制冷系统和电子控制系统各组成部分的工作原理，正确选用工具和材料，并最终编制维修方案。具体工作步骤及要求见表 1-2-1。

表 1-2-1

序号	工作步骤	要　　求	时间	备注
1	描述自动空调制冷系统工作原理	能够正确描述空调制冷系统组成、工作原理和制冷剂在空调工作时的变化以及各组成部分的工作原理	4学时	
2	描述自动空调电子控制系统工作原理	能够正确分析描述自动空调电子控制系统组成的作用及工作原理	4学时	
3	编制维修检查步骤	在 45min 内完成，检查步骤符合项目分类，实现操作方便维修时间缩短	1学时	
4	选用工具和材料	工具、材料清单完整，型号符合途胜车型和客户需求	1学时	
5	制订维修方案	任务描述清晰，检验标准符合厂家要求，工量具材料、维修内容和要求与流程表及维修手册对应	2学时	

一、描述自动空调制冷系统工作原理

描述自动空调制冷工作原理（表1-2-2）。

表1-2-2

1. 空调制冷系统原理图
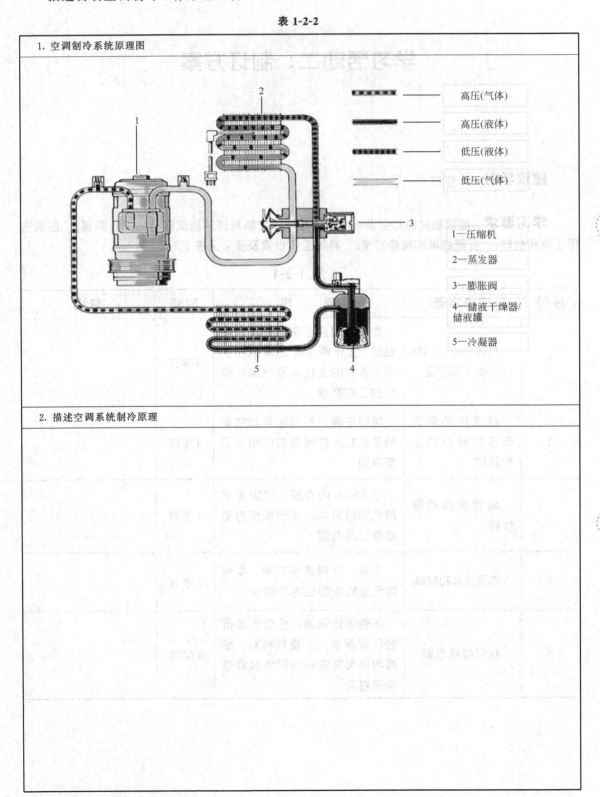 高压(气体) / 高压(液体) / 低压(液体) / 低压(气体) 1—压缩机 2—蒸发器 3—膨胀阀 4—储液干燥器/储液罐 5—冷凝器
2. 描述空调系统制冷原理

12

任务一 途胜自动空调不制冷故障诊断与排除

续表

3. 描述制冷剂在空调工作时的变化

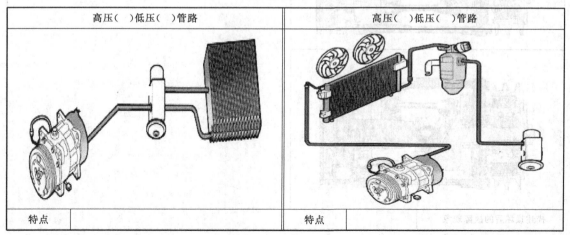

(1) 压缩过程	压缩机工作时吸入的是___温___压___态制冷剂，压缩成为___温___压___态制冷剂
(2) 冷凝过程	制冷剂进入冷凝器，通过____和_____给冷凝器散热，使___温___压___态制冷剂变为___温___压___态制冷剂
(3) 节流过程	___温___压___态制冷剂经过_____进行节流降压后变为___温___压___态制冷剂
(4) 蒸发过程	经过____的制冷剂吸收鼓风机吸进的热空气的热量使制冷剂由___温___压___态变为___温___压___态制冷剂

知识拓展：请判断表 1-2-3 中所示的管路，并描述其工作特点。

表 1-2-3

高压( ) 低压( ) 管路	高压( ) 低压( ) 管路
特点	特点

二、描述制冷系统各部件的组成和工作原理

1. 描述压缩机组成与工作原理

(1) 在图 1-2-1 中标注空调压缩机各部位的名称。

图 1-2-1

1—活塞；2—斜盘；3—轴；4—控制室（Pc）；5—输出室（Pd）；6—进气室（Ps）；7—控制阀

(2) 描述压缩机工作原理，填入表 1-2-4 中。

表 1-2-4

压缩机工作原理图	描述压缩机工作原理
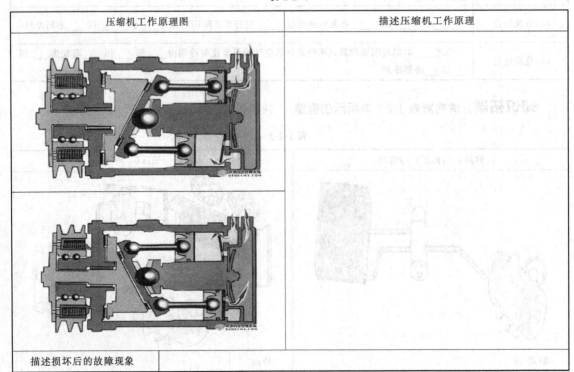	
描述损坏后的故障现象	

2. 描述电磁离合器组成与工作原理

(1) 在图 1-2-2 中标注电磁离合器组成的名称。

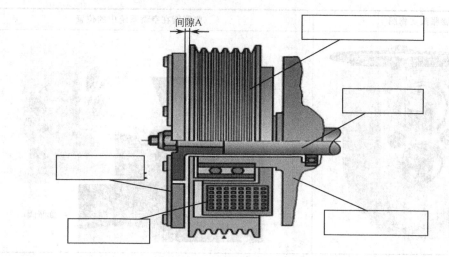

图 1-2-2

(2) 描述电磁离合器组接合过程和分离过程，填入表 1-2-5 中。

表 1-2-5

接合过程	分离过程
描述损坏后的故障现象	

3. 画出制冷剂在冷凝器中的变化（表 1-2-6）

表 1-2-6

空调冷凝器工作过程图	画出制冷剂在冷凝器中的变化
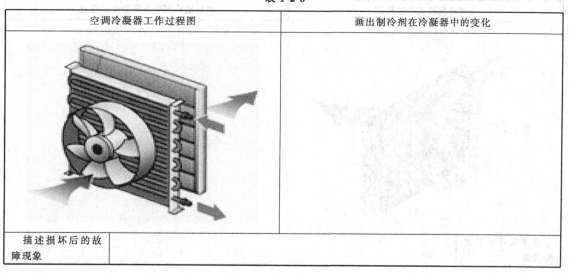	
描述损坏后的故障现象	

4. 描述膨胀阀工作原理（表 1-2-7）

表 1-2-7

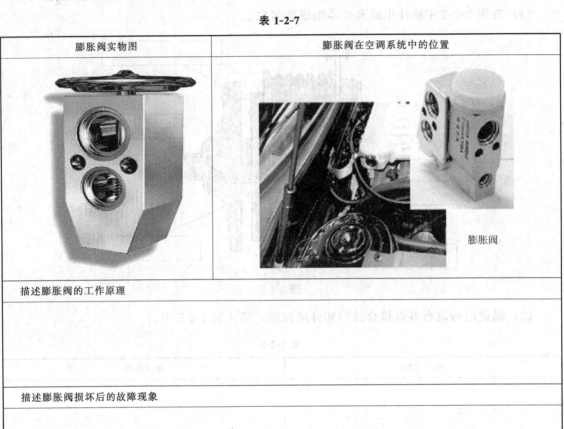

膨胀阀实物图	膨胀阀在空调系统中的位置
描述膨胀阀的工作原理	
描述膨胀阀损坏后的故障现象	

5. 画出制冷剂在蒸发器中的变化（表 1-2-8）

表 1-2-8

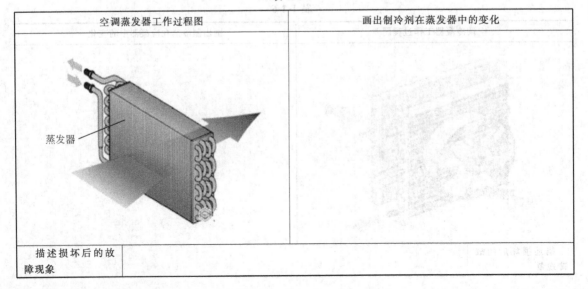

空调蒸发器工作过程图	画出制冷剂在蒸发器中的变化
描述损坏后的故障现象	

6. 描述储液干燥器的作用及工作原理（表1-2-9）

表 1-2-9

储液干燥器原理图	储液干燥器的作用
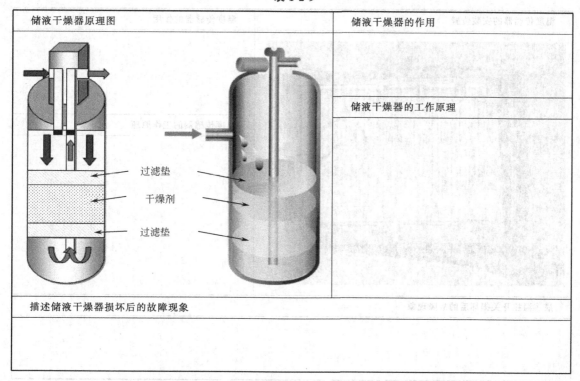	
	储液干燥器的工作原理
描述储液干燥器损坏后的故障现象	

7. 描述三元压力开关的作用及工作原理（表1-2-10）

表 1-2-10

三元压力开关安装位置图	三元压力开关的作用
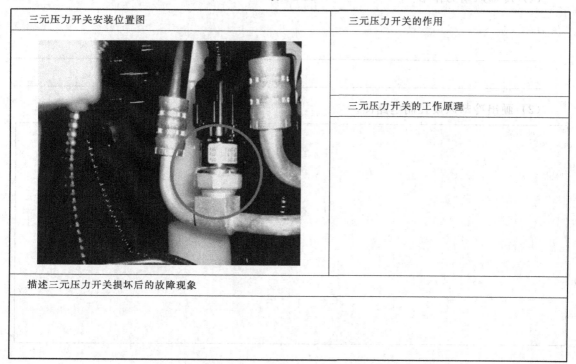	
	三元压力开关的工作原理
描述三元压力开关损坏后的故障现象	

8. 描述温度传感器的作用和工作原理（表 1-2-11）

表 1-2-11

温度传感器的安装位置	温度传感器的作用
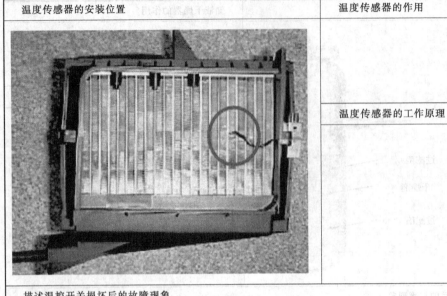	
	温度传感器的工作原理
描述温控开关损坏后的故障现象	

9. 描述冷却风扇在空调系统中的作用

（1）冷却风扇的作用？

_____

_____

（2）画出冷却风扇控制电路图。

10. 描述鼓风机控制过程（表 1-2-12）

表 1-2-12

鼓风机实物图	描述鼓风机控制方法
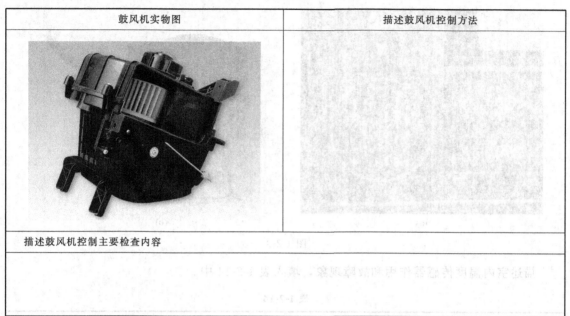	
描述鼓风机控制主要检查内容	

三、描述电子控制系统组成及工作原理

1. 描述传感器的作用和故障现象

（1）描述光照度传感器的作用、工作原理和故障现象（表 1-2-13）。

表 1-2-13

光照度传感器组成	光照度传感器的作用
支架盖 过滤器 光学元件 光电二极管 支架	
	光照度传感器工作原理
光照度传感器损坏后的故障现象	

(2) 描述室内温度和湿度传感器的作用和故障现象。

室内温度和湿度传感器安装位置图和实物图，如图 1-2-3 所示。

(a)

(b)

图 1-2-3

描述室内温度传感器作用和故障现象，填入表 1-2-14 中。

表 **1-2-14**

室内温度传感器的作用
温度传感器包含一组感温器，用来测量车内空气的_____度。其感测乘客室中的温度，改变_____值，并且输入对应的电压到自动温度控制模块（FATC）中
描述室内温度传感器损坏后的故障现象

描述湿度传感器作用和故障现象，填入表 1-2-15 中。

表 **1-2-15**

室内湿度传感器的作用
湿度传感器侦测车舱内部相对湿度。传感器转换此信号成为频率信号（Hz）并且传送此信号到 FATC 控制器。若车外的空气_____度或车内的_____度超出特定的范围时，它将会启动 A/C 来控制车内的湿度以免车内起雾。依据车外与温度与湿度来控制空调系统
描述室内湿度传感器损坏后的故障现象

（3）描述室外温度传感器的作用和故障现象（表1-2-16）。

表1-2-16

室外温度传感器安装位置图	室外温度传感器的作用
	此传感器侦测车外空气的温度并且以电压信号送给控制器。此传感器信号用于失效保护、＿＿控制、＿＿转速控制、通风模式风口控制及＿＿湿度控制。这是一种负感温电阻式的传感器；当温度低时电阻增大，而温度高时电阻减小
描述室外温度传感器故障现象	

（4）描述AQS传感器的作用和故障现象（表1-2-17）。

表1-2-17

AQS传感器安装位置图	描述AQS传感器的作用
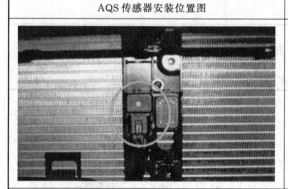	
描述AQS传感器的故障现象	

（5）描述水温传感器的作用和故障现象（表1-2-18）。

表1-2-18

水温传感器安装位置图	描述水温传感器的作用

描述水温传感器的故障现象	

2. 描述执行器的作用和控制方法

(1) 描述温度门的作用和控制方法（表 1-2-19）。

表 1-2-19

温度门安装位置	描述温度风门的作用
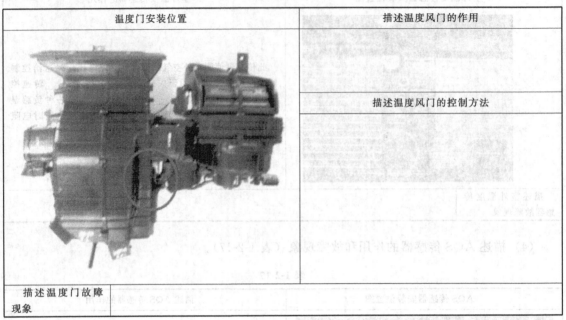	
	描述温度风门的控制方法
描述温度门故障现象	

(2) 描述内外循环执行器的作用和控制方法（表 1-2-20）。

表 1-2-20

内外循环执行器安装位置图	配气系统图
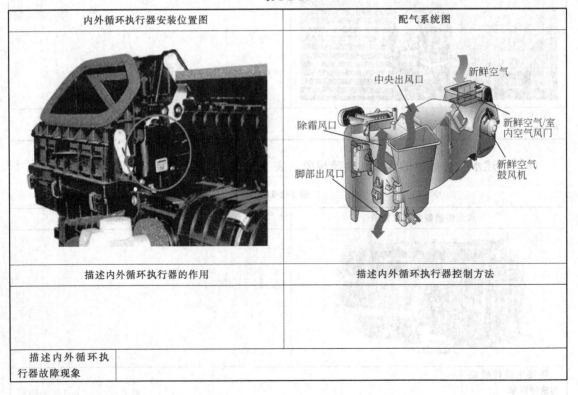	
描述内外循环执行器的作用	描述内外循环执行器控制方法
描述内外循环执行器故障现象	

(3) 描述通风模式风门控制执行器作用和控制方法（表1-2-21）。

表 1-2-21

通风模式风门控制执行器位置安装图	通风模式风门控制执行器的作用
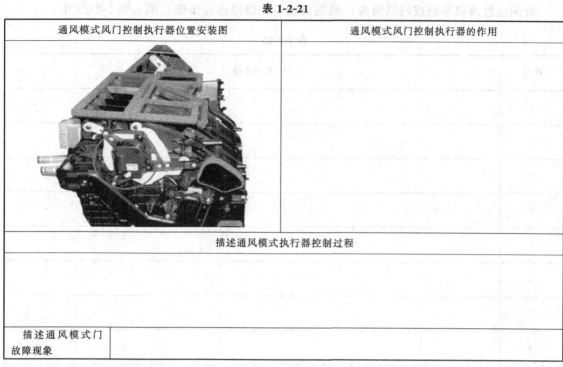	
描述通风模式执行器控制过程	
描述通风模式门故障现象	

(4) 鼓风机转速控制（功率晶体管）（表1-2-22）。

表 1-2-22

功率晶体管实物图	功率晶体管电路图
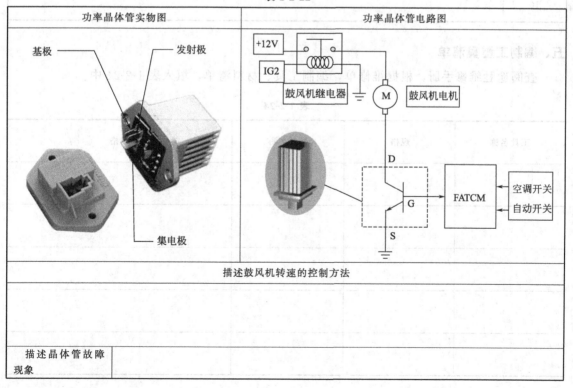	
描述鼓风机转速的控制方法	
描述晶体管故障现象	

四、编制检查步骤

查阅途胜维修手册或网络资源,编制自动空调维修检查步骤,填入表 1-2-23 中。

表 1-2-23

序号	检查步骤
1	
2	
3	
4	
5	
6	
7	
8	
9	
10	

五、编制工量具清单

查阅途胜维修手册,根据维修单,编制工具、材料清单,填入表 1-2-24 中。

表 1-2-24

工具名称	规格	材料名称	规格

六、编制维修方案

根据表 1-2-25 的内容,编制维修方案。

表 1-2-25

方案名称_____
1. 任务目标及依据 (填写说明:概括说明本次任务要达到的目标及相关文件和技术资料)
2. 工作内容安排 (填写说明:列出工作流程、工作要求、工量具材料、人员及时间安排等)

工作流程	工作要求	工量具材料	人员安排	时间安排

3. 验收标准 (填写说明:本项目最终的验收相关项目的标准)
4. 有关安全注意事项及防护措施等 (填写说明:对空调系统检查的安全注意事项及防护措施,废弃物处理等进行具体说明)

七、评价表

请根据表1-2-26中的要求对本活动中的工作和学习情况进行打分。

表1-2-26

	评分项目		配分/分	评分细则	自评得分	小组评价	教师评价
素养（20分）	纪律情况（5分）	不迟到、早退	1	违反一次不得分			
		积极思考回答问题	2	根据上课统计情况得1~2分			
		三有一无（有本、笔、书，无手机）	2	不符合要求不得分			
		执行教师命令	0	此为否定项，违规酌情扣10~100分，违反校规按校规处理			
	职业道德（5分）	能与他人合作	3	不符合要求不得分			
		追求完美	2	对工作精益求精（能提出改进建议）且效果明显得2分			
	5S（5分）	场地、设备整洁干净	2	使用的工位、设备整洁无杂物，得2分；不合格不得分			
		零部件、工具摆放	2	整齐规范得2分；不合格不得分			
		服装整洁，不佩戴饰物	1	全部合格得1分			
	综合能力（5分）	阅读理解能力	5	2min内正确描述任务名称及要求得5分；超时或表达不完整得3分；其余不得分			
		创新能力（加分项）	5	新渠道正确查阅资料、优化基本检查顺序等，视情况得1~5分			
核心技术（60分）	自动空调组成及工作原理分析（20分）	制冷系统原理	5	分析正确得5分；漏一项扣2分			
		制冷系统组成部分	4	分析正确得4分；错一项扣2分			
		电子控制系统传感器部分	4	分析正确得4分；错一项扣2分			
		电子控制系统执行器部分	4	分析正确得4分；错一项扣2分			
		暖风系统分析	3	分析正确得3分；错一项扣1分			
	编制检查步骤（5分）	资料使用	2	正确查阅维修手册得2分；错误不得分			
		项目完整	2	完整得2分；错项漏项一项扣1分			
		提炼增项	1	正确得1分			
	编制工具清单（5分）	工量具选用和使用	2	全部正确得2分；错一项扣1分			
		时间要求	1	15min内完成得1分；每超过3min扣1分			
		质量要求	1	作业项目完整正确得1分			
		安全要求	1	违反一项基本检查不得分			

任务一　途胜自动空调不制冷故障诊断与排除

续表

评分项目			配分/分	评分细则	自评得分	小组评价	教师评价
核心技术(60分)	编制维修方案(30分)	编制依据	3	编制依据正确得3分；错一项扣1分			
		工作流程	10	流程合理可行，逻辑清晰，内容完整得10分；错项漏项扣1分			
		工作要求	8	内容完整，要求项目正确可靠得8分；错项扣1分			
		人员安排	3	安排正确合理得3分；错误扣1分			
		时间安排	3	安排正确合理得3分；错误扣1分			
		验收标准	3	标准正确合理，齐全得3分；错项漏项扣1分			
工作页完成情况(20分)	按时完成工作页	按时提交	5	按时提交得5分；迟交不得分			
		内容完成程度	5	按情况分别得1～5分			
		回答准确率	5	视情况分别得1～5分			
		字迹书面整洁	5	视情况分别得1～5分			
总分							
综合得分（自评20%，小组评价30%，教师50%）							

教师评价签字：　　　　　　　　　　　　　　　组长签字：

请根据以上打分情况，对本活动当中的工作和学习状态进行总体评述（从素养的自我提升方面、职业能力的提升方面进行评述，分析自己的不足之处，描述对不足之处的改进措施）。

教师指导意见：

学习活动三：实施维修

建议学时：18 学时

学习要求：通过该活动，能查阅维修手册，规范进行途胜自动系统主要部件的拆装与检查，能够完成主要部件的检查和技术状况的判定。具体工作步骤及要求见表 1-3-1。

表 1-3-1

序号	工作步骤	要　求	时间	备注
1	检查空调制冷系统各部件	按照维修手册要求，完成压力测试，分析测试结果，规范进行制冷系统各部件的拆装与检查及技术状况的判定	6学时	
2	完成自动空调制冷剂充注	按照维修手册要求，规范进行制冷系统真空测试与制冷剂充注	2学时	
3	检查自动空调电子控制系统	按照维修手册要求，规范进行电子控制系统传感器和执行器拆装与检查及技术状况的判定	10学时	

一、检查准备工作

1. 实习场地 5S 检查

2. 工量具准备

3. 安全注意事项

二、检查途胜自动空调制冷系统并填写记录单

1. 检查制冷系统是否泄漏（表 1-3-2）

表 1-3-2

序号	部件名称	检查标准	检查结果	使用工具
1	冷凝器			
2	蒸发器			
3	压缩机			
4	膨胀阀			
5	高压管路			
6	低压管路			
7	储液干燥罐			
8	空调滤芯			

2. 测量空调制冷系统压力

(1) 标注歧管压力表组的名称和使用方法，填入表1-3-3中。

表1-3-3

标注歧管压力表组名称	歧管压力表组的使用方法
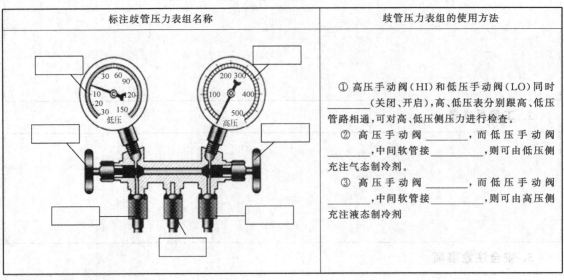	① 高压手动阀（HI）和低压手动阀（LO）同时_____（关闭、开启），高、低压表分别跟高、低压管路相通，可对高、低压侧压力进行检查。 ② 高压手动阀_____，而低压手动阀_____，中间软管接_____，则可由低压侧充注气态制冷剂。 ③ 高压手动阀_____，而低压手动阀_____，中间软管接_____，则可由高压侧充注液态制冷剂。

(2) 测量空调系统高、低压管路工作时压力，填入表1-3-4中。

表1-3-4

序号	步骤	内容
1	基本知识	空调工作时高压管路压力：_____ 低压管路压力：_____
2	第一步	启动发动机，将发动机转速控制在_____r/min
3	第二步	设置空调控制面板打开_____进风方式为____循环方式 温度设在_____位置风机转速最_____
4	第三步	记录歧管压力表上显示的系统压力值： 高压压力：_____ 低压压力：_____

(3) 空调系统压力检查结果分析，填入表1-3-5中。

表1-3-5

① 制冷剂不足压力表指示	分析故障原因
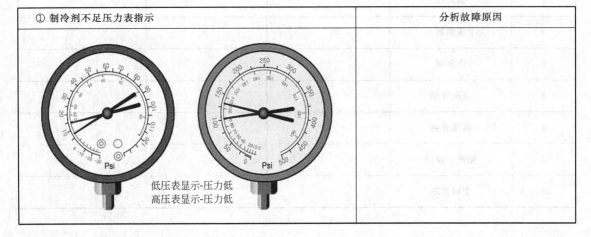 低压表显示-压力低 高压表显示-压力低	

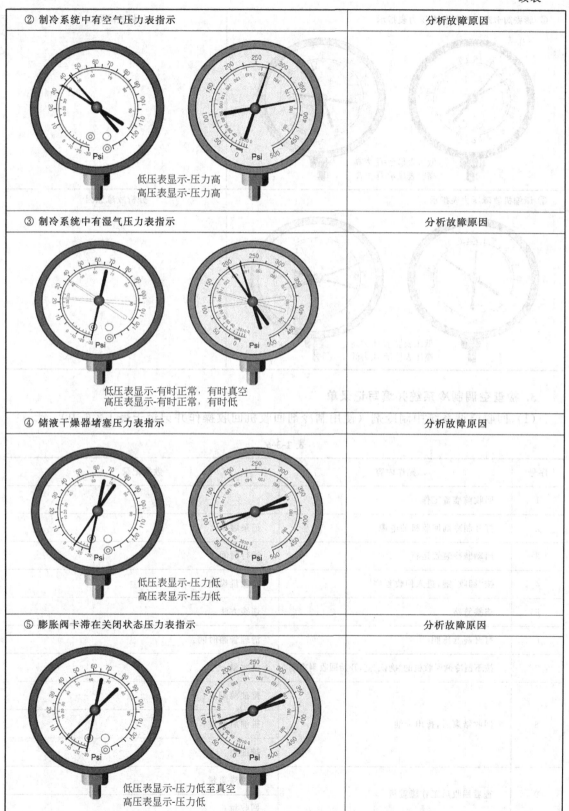

续表

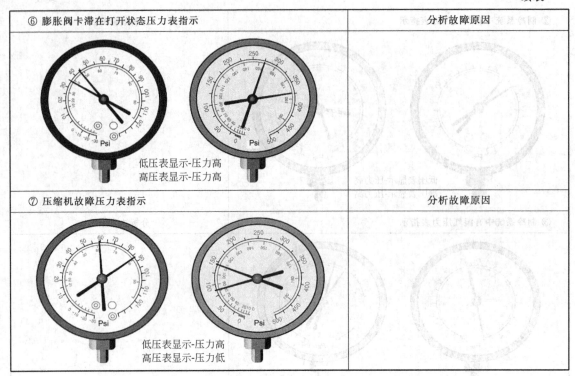

3. 检查空调制冷系统并填写记录单

（1）回收空调系统中制冷剂（使用制冷剂回收机回收操作并记录于表1-3-6中）。

表 1-3-6

序号	操作内容	数据记录
1	回收前准备工作	
2	打开制冷剂回收机的电源	记录罐重：
3	启动制冷装置运行	运行时间：
4	按"回收"键，进入回收程序	回收量设置：
5	连接管路	连接方法：
6	打开高低压阀	清理管路时间：
7	按下制冷剂回收机的"确认"键，开始回收制冷剂	回收量：
8	回收结束后，排出废油	排油前刻度：
		排油后刻度：
		排油量：
9	查看回收后工作罐重量	工作罐重量：
		回收量：

(2) 检查空调压缩机总成

① 检查空调压缩机，记录于表 1-3-7 中。

表 1-3-7

空调压缩机实物图	记录空调压缩机的拆卸过程

检查标准	检查结果	维修方法

② 检查空调安全阀，记录于表 1-3-8 中。

表 1-3-8

空调安全阀位置图	检查标准	检查结果	维修方法

③ 检查电磁离合器总成，记录于表 1-3-9 中。

表 1-3-9

序号	检查内容	检查标准	检查结果	维修方法
1	检查压盘			
2	皮带轮轴承			
3	电磁线圈			
4	主、从动盘间隙			
5	皮带松紧度			
6	检查电磁离合器工作性能			

④ 检查膨胀阀，记录于表 1-3-10 中。

表 1-3-10

膨胀阀实物图		记录拆卸膨胀阀的拆卸方法
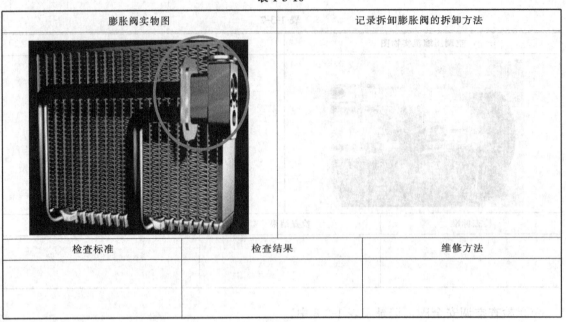		
检查标准	检查结果	维修方法

⑤ 检查冷凝器、储液干燥罐，记录于表 1-3-11 中。

表 1-3-11

检查冷凝器		记录冷凝器的拆卸过程
检查标准	检查结果	维修方法
检查储液干燥罐		
检查标准	检查结果	维修方法

⑥ 检查三元压力开关，记录于表 1-3-12 中。

表 1-3-12

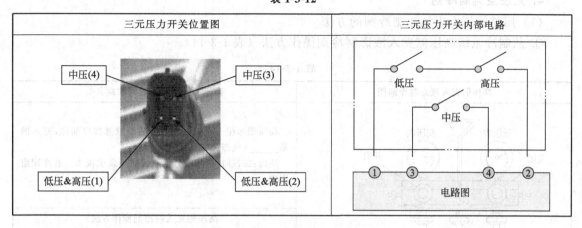

记录三元压力开关在压力变化时的检查结果于表 1-3-13 中。

表 1-3-13

压力/(kg/cm²)	空调泵	冷凝风扇	备注
2.3~15.5			压力增加时
15.5~32			压力增加时
32			压力超过时
26.5~11.5			压力减小时
11.5~2.0			压力减小时

⑦ 检查空调系统管路是否泄漏。

a. 抽真空目的：去除空调系统中的_____去除空调系统中的_____。

b. 用歧管压力表抽真空的操纵步骤如下。

• 连接管路：将歧管压力表的高低压软管接制冷系统的_____，中间软管接_____。

• 打开歧管压力表的高低压手动阀。

• 打开真空泵电源，开始对制冷系统抽真空。抽真空的时间不少于_____。

• 抽真空结束后应关闭_____，后关闭_____。

• 停止抽真空，并保持真空度至少 30min，压力表示值_____变化，为正常。

c. 如压力回升，则继续抽真空，如累计抽真空时间超过 30min，压力仍回升，可以判定_____有泄漏，应检查_____，并重复进行抽真空操作。

拓展题：如果空调系统未进行抽真空操作，就加注制冷剂，会出现什么现象？

4. 充注空调制冷剂

(1) 用歧管压力表加注制冷剂的方法

① 从制冷系统高压侧充入液态制冷剂操作方法（表 1-3-14）。

表 1-3-14

高压侧充入液态制冷剂图	高压侧充入制冷剂时注意事项
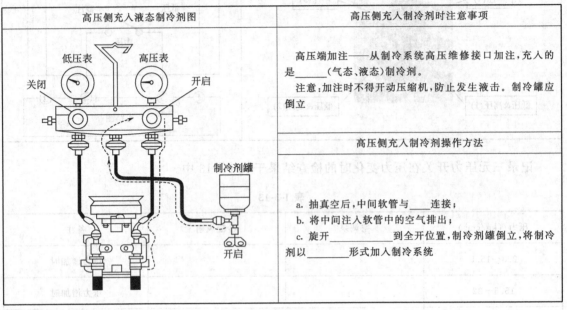	高压端加注——从制冷系统高压维修接口加注，充入的是_____（气态、液态）制冷剂。 注意：加注时不得开动压缩机，防止发生液击。制冷罐应倒立
	高压侧充入制冷剂操作方法
	a. 抽真空后，中间软管与_____连接； b. 将中间注入软管中的空气排出； c. 旋开_____到全开位置，制冷剂罐倒立，将制冷剂以_____形式加入制冷系统

② 从系统低压侧充入气态制冷剂的操作方法（表 1-3-15）。

表 1-3-15

低压侧充入液态制冷剂图	低侧充入制冷剂时注意事项
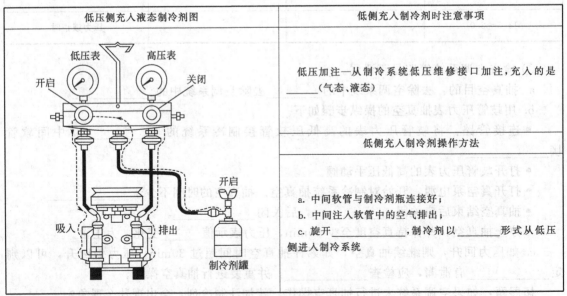	低压加注——从制冷系统低压维修接口加注，充入的是_____（气态、液态）_____
	低侧充入制冷剂操作方法
	a. 中间软管与制冷剂瓶连接好； b. 中间注入软管中的空气排出； c. 旋开_____，制冷剂以_____形式从低压侧进入制冷系统

(2) 记录 ECK1500 型冷媒加注机充注制冷剂过程

① 接好高压和低压管并打开开关，按动_____键使 RECHARGING 旁的 LED 灯点亮。

② 按动_____键，此时数码管将显示所要充注制冷剂的重量（单位为 kg），如果需要修改可以使用＋号键和 L 循环键来操作（例如：伊兰特车需充注 700g 制冷剂，如机器

显示不是 700g，则先按动 L 循环键使数码管第三位闪烁，然后按动＋号键改变数字为 7，再按动 L 键，使最后一位闪烁后，使用＋号键修改为 0，按 ENTER 键结束并存储在机器中）。

③ 将高、低压出口阀门开至一半以免充注速度过快，按_____键开始充注，当设定的克数充完以后机器会自动停机并用声音提示，此时按下 STOP 键并关闭_____、_____阀门，充注结束。

④ 启动汽车并开动空调系统运行 1～2min（途胜车低压为_____kPa、高压为_____kPa），然后只拆下高压管接头，并打开高、低压阀门让空调系统将管中的制冷剂抽回，最后拆下低压管接头。

⑤ 用红外测温仪检查出风口温度，以检验空调维修质量。

(3) 检查制冷剂充注后空调系统质量

① 在系统中充注规定量制冷剂之后，从视液玻璃窗处观察，确认系统内_____气泡、无过量_____。

② 将发动机转速调至_____r/min，冷风机风量开到最_____挡，若气温在 30～35℃，系统内低压侧压力应为_____kPa，高压侧压力应为_____kPa。

③ 充注完毕后，关闭歧管压力计上的手动低压阀，关闭装在制冷剂罐上的注入阀，使发动机停止运转；将歧管压力计从压缩机上卸下，卸下时动作要迅速，以免过多制冷剂泄出。

三、检查途胜自动空调电子控制系统并填写记录单

1. 读取故障码

(1) 解码仪读取故障码

① 写出故障码的读取方法：

_____

_____

② 记录故障码内容（表 1-3-16）。

表 1-3-16

序号	故障码	故障码内容
1		
2		
3		

(2) 手动读取故障码

① 自诊断流程，如图 1-3-1 所示。

② 故障码对照如表 1-3-17 所示。

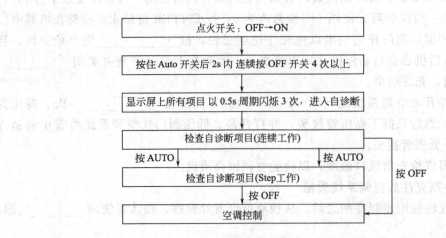

图 1-3-1

表 1-3-17

故障码	说明	措施
00	正常	—
11	室内温度传感器线路断路	23℃固定
12	室内温度传感器线路短路	
13	室外温度传感器线路断路	20℃固定
14	室外温度传感器线路短路	
15	冷却水温传感器线路断路	
16	冷却水温传感器线路短路	
17	表面温度传感器线路断路	−2℃固定
18	表面温度传感器线路短路	
19	温度门位置传感器线路断路或短路	选择温度17~24.5℃：最冷 选择温度25~32℃：最热
20	温度门位置传感器不良	
21	模式门位置传感器断路或短路	Vent模式：Vent模式固定 其他模式：Def模式固定
22	模式门位置传感器不良	
23	湿度传感器线路断路	
24	湿度传感器线路短路	

③ 记录故障码内容（表1-3-18）。

表1-3-18

序号	故障码	故障码内容
1		
2		
3		
4		
5		

2. 检查传感器工作性能

（1）检查光照度传感器（表1-3-19）。

表1-3-19

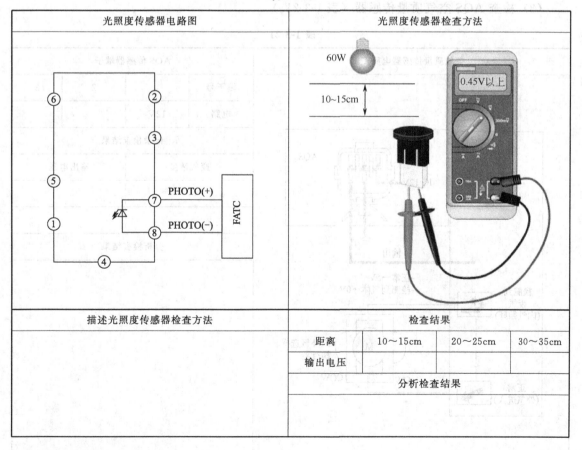

光照度传感器电路图	光照度传感器检查方法			
描述光照度传感器检查方法	检查结果			
	距离	10～15cm	20～25cm	30～35cm
	输出电压			
	分析检查结果			

（2）检查室内温度和湿度传感器（表1-3-20）。

表 1-3-20

记录室内温度和湿度传感器拆卸方法		检测室内温度传感器阻值	
		温度	阻值
		分析室内温度传感器检查结果	
检查室内湿度传感器		分析室内湿度传感器检查结果	
湿度	阻值		

（3）检查 AQS 空气质量传感器（表 1-3-21。）

表 1-3-21

空气质量传感器电路图			AQS 传感器端子		
			端子号	1	2	3
			电路	12V		
			记录检查结果			
			废气浓度		输出电压	
			分析检查结果			

FATC 控制模块 — AQS — IG 12V — 输出
- 正常 → 5V
- 检测到气体 → 0V

检测到废气 (内气循环)
正常 (外气进入)
内外气选择执行器 CW / CCW

(4) 检查室外温度传感器（表1-3-22）。

表 1-3-22

室外温度传感器电路图	记录室外温度传感器检查结果		
	温度/℃	电阻/kΩ	电压/V
	分析检查结果		

(5) 检查水温传感器（表1-3-23）。

表 1-3-23

水温传感器检查方法	记录检查结果		分析检查结果
	温度/℃	阻值/Ω	
	25		
	35		
	50		
	60		

(6) 检查蒸发器表面温度传感器（表1-3-24）。

表 1-3-24

检查蒸发器表面温度传感器			分析检查结果
温度/℃	检查结果/kΩ	电压/V	
20			
25			
30			

3. 检查执行器工作性能

（1）检测内外循环门执行器（表 1-3-25）

表 1-3-25

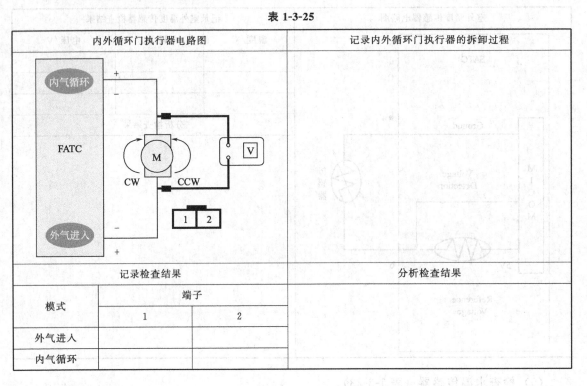

模式	端子	
	1	2
外气进入		
内气循环		

（2）检测温度门执行器

① 温度门执行器电路如图 1-3-2 所示。

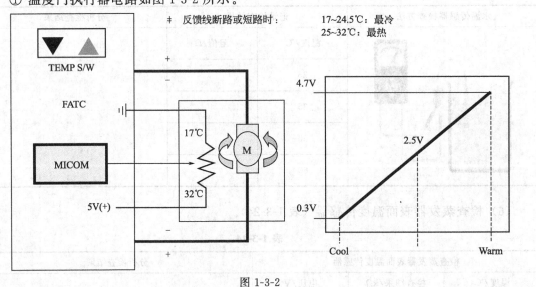

图 1-3-2

② 检测温度门执行器工作性能。

a. 将 12V 电源连接到_____端子和_____端子搭铁时，温度风门控制执行器运行到热位置。

b. 将 12V 电源连接到_____端子和_____端子搭铁时，温度风门控制执行器运行到冷位置。

③ 检测_____号端子和_____号端子电压满足表 1-3-26 的要求。

表 1-3-26

门位置	电压	检测错误
最冷	(0.3±0.15)V	低电压：0.1V 以下
最热	(4.7±0.15)V	高电压：4.9V 以下

④ 分析温度门执行器检查结果：

_____

(3) 检测通风模式执行器

① 通风模式执行器电路，如图 1-3-3 所示。

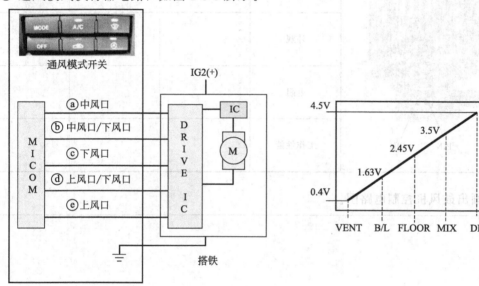

图 1-3-3

② 记录通风模式执行器功能检查过程（表 1-3-27）。

表 1-3-27

模式 出风位置	车内循环	新鲜空气			
	冷	1/2 冷	热		
	通风	多重位置	地板	最大	除雾
通风					
地板					
除雾					
旁边通风					

43

③ 分析通风模式执行器的检查结果：

_____

_____

_____

（4）检测检测鼓风机、高速继电器、功率晶体管的性能

① 检测鼓风机工作性能（表1-3-28）。

表 1-3-28

鼓风机实物图	鼓风机检查记录			
	检查内容	检查标准	检查结果	维修方法
+ PIN − PIN	外观			
	电阻			
	工作性能			

② 画出鼓风机控制电路图。

③ 检查鼓风机开关、继电器和功率晶体管。

a. 记录继电器和功率晶体管检查结果（表1-3-29）。

表 1-3-29

序号	检查内容	检查标准	检查结果	分析检查结果
1	开关			
2	控制线路			
3	继电器			
4	高速继电器			
5	功率晶体管			

b. 检测鼓风机各挡时工作电压（表 1-3-30）。

表 1-3-30

鼓风机各挡位工作电压检测方法	记录检查结果	
	鼓风机转速/(r/min)	电压/V
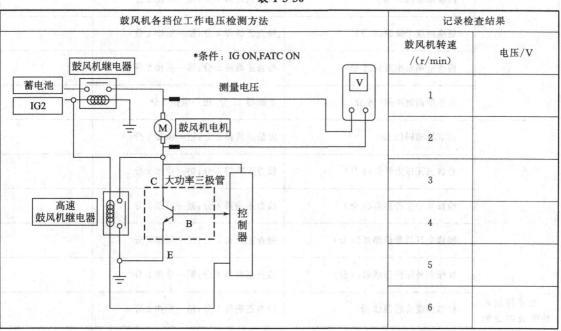	1	
	2	
	3	
	4	
	5	
	6	

c. 分析检测结果。

四、操作评价表

根据表 1-3-31 进行操作评价。

表 1-3-31

环节	评价点	配分	教师评价
制冷系统检修(45分)	测量、分析空调系统压力(5分)	检查正确得5分；错一项扣2分	
	回收制冷剂(4分)	检查正确得4分；错一项扣1分	
	检修压缩机(4分)	检查正确得4分；错一项扣1分	
	检修电磁离合器(4分)	检查正确得4分；错一项扣1分	
	检修膨胀阀(4分)	检查正确得4分；错一项扣1分	
	更换储液干燥罐(4分)	检查正确得4分；错一项扣1分	
	检查空调系统泄漏(5分)	检查正确得5分；错一项扣2分	
	充注空调制冷剂(15分)	正确得15分；错一项扣3分	
电子控制系统组成部分的拆卸与检查(55分)	读取故障码(3分)	方法正确得3分；错一项扣1分	
	检修三元压力开关(4分)	检查正确得4分；错一项扣2分	
	检修光照度传感器(4分)	检查正确得4分；错一项扣2分	
	检修空气质量传感器(5分)	检查正确得5分；错一项扣2分	
	检修室外温度传感器(4分)	检查正确得4分；错一项扣2分	
	检修湿度传感器(5分)	检查正确得5分；错一项扣2分	
	检修室内温度传感器(5分)	检查正确得5分；错一项扣2分	
	检修蒸发器表面温度传感器(5分)	检查正确得5分；错一项扣2分	
	检测温度风门(5分)	检查正确得5分；错一项扣2分	
	进气风门执行器(5分)	检查正确得5分；错一项扣2分	
	检测通风模式风门控制执行器(5分)	检查正确得5分；错一项扣2分	
	检测鼓风机(5分)	检查正确得5分；错一项扣2分	

(总分100分，占评价表的45%)

五、评价表

请根据表 1-3-32 要求对本活动中的工作和学习情况进行打分。

表 1-3-32

评分项目		配分/分	评分细则	自评得分	小组评价	教师评价
素养(20分)	纪律情况(5分)	不迟到、早退	1	违反一次不得分			
		积极思考回答问题	2	根据上课统计情况得1~2分			
		三有一无(有本、笔、书,无手机)	2	不符合要求不得分			
		执行教师命令	0	此为否定项,违规酌情扣10~100分,违反校规按校规处理			
	职业道德(5分)	能与他人合作	3	不符合要求不得分			
		追求完美	2	对工作精益求精(能提出改进建议)且效果明显得2分			
	5S(5分)	场地、设备整洁干净	2	使用的工位、设备整洁无杂物,得2分;不合格不得分			
		零部件、工具摆放	2	整齐规范得2分;不合格不得分			
		服装整洁,不佩戴饰物	1	全部合格得1分			
	综合能力(5分)	阅读理解能力	5	2min内正确描述任务名称及要求得5分;超时或表达不完整得3分;其余不得分			
		创新能力(加分项)	5	新渠道正确查阅资料、优化基本检查顺序等,视情况得1~5分			
核心技术(60分)	自动空调系统各部件的检修(45分)			详见操作评价表1-3-31			
	工具选用(15分)	工量具选用	5	全部正确得5分;错一项扣1分			
		使用方法	5	使用方法正确得5分;错一项扣1分			
		安全要求	5	违反一项基本检查不得分			
工作页完成情况(20分)	按时完成工作页	按时提交	5	按时提交5分,迟交不得分			
		内容完成程度	5	按情况分别得1~5分			
		回答准确率	5	视情况分别得1~5分			
		字迹书面整洁	5	视情况分别得1~5分			
总分							
综合得分(自评20%,小组评价30%,教师50%)							

教师评价签字:	组长签字:

请根据以上打分情况,对本活动当中的工作和学习状态进行总体评述(从素养的自我提升方面、职业能力的提升方面进行评述,分析自己的不足之处,描述对不足之处的改进措施)。

教师指导意见:

学习活动四：竣工检验

建议学时：4学时

学习要求：通过该活动，能够完成自动空调不制冷检查后竣工检验，并编制填写竣工检验报告。具体工作步骤及要求见表 1-4-1。

表 1-4-1

序号	工作步骤	要　　求	时间	备注
1	自动空调系统检验	按照维修手册的要求，完成自动空调系统工作性能的检验	1学时	
2	路试	根据车辆检验单完成路试	1学时	
3	编制、填写竣工检验单	能够独立编制、填写竣工检验单，进行成本核算并给出合理的使用保养建议	1.5学时	
4	打扫场地卫生，合理处理废弃物	打扫场地卫生，擦拭使用工具、量具、检修仪器，合理处理废弃物	0.5学时	

一、查询空调检验标准

查阅 GB 7258—2012《机动车运行安全技术条件》汽车空调系统竣工检验标准：

_____

_____

_____

二、检验空调工作性能并填写记录单

1. 制冷系统外观检验（表 1-4-2）

表 1-4-2

序号	检验项目	检验结果			备注
		是（正常）	基本符合	未做好	
1					
2					
3					
4					
5					
6					
7					
8					

2. 操作面板控制键的检查

操作面板如图 1-4-1 所示，对操作面板控制键进行检查并填入表 1-4-3。

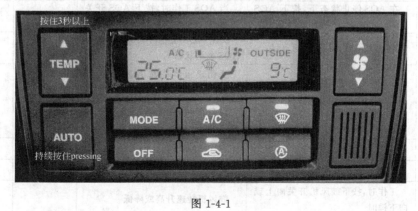

图 1-4-1

表 1-4-3

开关	选择开关	功能	显示屏	检查结果
TEMP 开关	操作时,在设定温度为 25℃时按下 DOWN 按钮	每隔 0.5℃在 17~25℃之间选择		
	操作时,在设定温度为 25℃时按下 UP 按钮	每隔 0.5℃在 25~32℃之间选择		
AUTO 开关	在系统 OFF 或手动操作状态下按下 AUTO 开关	通过每个传感器的输入值自动控制所有出口		
	在自动操作状态下按下 AUTO 开关			
MODE 开关	工作时按下 MODE 开关	在设定条件下,无论何时按下开关都重复显示下列内容。中风口—中风口/下风口—下风口—混合风口		
	在系统 OFF 时按下 MODE 开关	释放 AUTO 模式并保持系统 OFF		
OFF 开关	工作时按下 OFF 开关	系统 OFF(在初始条件下保持 TEMP 和 MODE 进入并关闭鼓风机和压缩机)		
A/C 开关	空调 OFF 时,在系统 OFF 或操作时按下 A/C 开关	打开空调出口		
	在空调 ON 状态下按下 A/C 开关	关闭空调出口		
进气开关	当系统 OFF 时,在排气条件下按下进气开关	维持系统 OFF,进气门转换为进气模式		
	当系统 OFF 时,在进气条件下按下进气开关	维持系统 OFF,进气门转换为排气模式		
	当工作时,在排气条件下按下进气开关	进气模式		
	当工作时,在进气条件下按下进气开关	排气模式		
	排气模式时的指示灯状态			
	进气模式时的指示灯状态			
上风口开关	当操作上风口模式或系统 OFF 时,按下上风口开关	通风模式风口:至上风口模式 A/C:ON 内外气选择:出口模式 其他:OFF 前的条件		
	当操作上风口模式时,按下上风口开关	返回上风口模式前的条件		
空气质量传感器 AQS 开关	在 AQS 停止状态下,按下 AQS 开关	当 AQS 工作时,按下 AQS 开关控制进气门		
	AQS 工作时,按下 AQS 开关	关闭 AQS 指示灯时,恢复选择 AQS 前的状态		
	当工作时,按下 OFF 开关	关闭显示屏幕和 AQS 指示灯时,进气门固定在进气模式 当 OFF 时,能选择 AQS、进气和排气		
	AQS 工作时的指示灯状态			
	AQS 停止状态下指示灯状态			
鼓风机开关	工作时,按下鼓风机开关向上或向下键时	鼓风机转速升高或降低		

3. 检验制冷系统是否泄漏并记录检查结果

记录制冷系统检查结果（表 1-4-4）。

表 1-4-4

序号	检验项目	检验结果		备注
		正常	不正常	
1				
2				
3				
4				
5				
6				
7				
8				

4. 自动空调电子控制系统检验

读取故障码并记录（表 1-4-5）。

表 1-4-5

序号	故障码	故障码含义
1		
2		
3		
4		
5		
6		
7		
8		

5. 空调制冷系统的性能试验

(1) 汽车空调制冷系统的性能试验条件：试验时最低环境温度应为 _____ ℃左右。

(2) 制冷系统的性能试验步骤如下：

① 连接好压力测试装置和转速表；

② 启动发动机，使发动机转速保持在 _____ r/min 左右；

③ 使空调系统处于最大制冷状态，即风量开关置于最 _____ 挡，温度调节至最 _____ 挡；

④ _____ 所有车门、车窗及发动机盖，并将温度计放在冷风出口处；

⑤ 发动机运转 15min 左右，各温度计及高、低压力表指示值应符合标准。

将相关数据填入表 1-4-6 中。

表 1-4-6

序号	出风口位置	测量温度	高压压力	低压压力	检查结果
1					
2					
3					
4					
5					
6					
7					
8					

(3) 检验标准如下：

① 正常的制冷效果应使车厢内外保持 8～10℃ 的温差，若温差很小，则表明制冷量不够；

② 正常工作时，冷凝器入口温度为 70℃，出口温度为 50℃；蒸发器表面温度在不结冰的前提下越低越好；储液干燥器应为 50℃ 左右，且上下温度应一致。

6. 实施检验并填写竣工检验单

北京现代特许销售服务商

车辆出厂检验单

维修委托书号：　　　车牌号：　　　入厂里程（km）：　　　出厂里程（km）：　　　检验日期：

修理后的检查：	状态良好	有待修正	路试：	状态良好	有待修正
对本次修理项目的基本检查	○	○	发动机的升速和降速	○	○
试车前检查：	状态良好	有待修正	变速器换挡的清晰度和行程	○	○
车轮紧固度	○	○	变速器换挡是否平顺	○	○
发动机各皮带轮及其驱动附件	○	○	驻车制动的行程和有效性	○	○
卡箍、管子的固定，管束以及电路线束是否坚固	○	○	刹车踏板的行程和有效性	○	○
附件皮带的状态和松紧度	○	○	仪表设备的操作性能	○	○
内部检查：	状态良好	有待修正	转向的精确度	○	○
内饰件及座椅是否整洁	○	○	暖风、通风、空气调节、循环状况	○	○
各电器设备和附件的运行	○	○	加速性能	○	○
方向盘的附件和方向盘的松旷度	○	○	整体表现、减震、车轮动平衡	○	○
外部检查：	状态良好	有待修正	方向保持能力、稳态行驶速度、加速、减速、刹车	○	○
车身零件：平整度和间隙	○	○	试车后的检查：	状态良好	有待修正
外观和油漆	○	○	发动机舱的工作情况	○	○
检查是否有漆痕（轮胎、密封件、外部元件、车灯等）	○	○	各密封件（发动机、变速器、转向机、减震器、制动和冷却系统）	○	○
检查喷漆是否有流挂或粘结皮	○	○	各密纹管（发动机、变速器、转向机、转向球头、变速器）	○	○
车窗玻璃表面	○	○	排放检测	○	○
轮罩和装饰件的外观	○	○	电脑记忆数据读取	○	○
对客户的建议			对维修车间的建议		
			质检结果：	需要返修 □	质检合格 □
				质检员签字：	

三、成本估算

请小组讨论,回顾整个任务的工作过程,列出所使用的耗材,并参考库房管理员提供的价格清单,对此次任务的单个样品使用耗材进行成本估算,填入表1-4-7。

表 1-4-7

序号	部件名称	规格	数量	单价/元	合计
1					
2					
3					
4					
5					
6					
7					
8					
9					
10					
11					
12					
13					
14					
15					
合 计					

四、使用与保养建议

(1) 使用与保养建议,向客户进行说明空调在日常保养中的注意事项。

_____

_____

(2) 维修该项目后,保修期是多少?是否有相关依据?

_____

_____

(3) 想一想:在维修过程中哪些方面能够做到资源的节省与环保?

_____

_____

五、评价表

请根据表1-4-8要求对本活动中的工作和学习情况进行打分。

表 1-4-8

评分项目		配分/分	评分细则	自评得分	小组评价	教师评价
素养(20分)	纪律情况(5分)	不迟到、早退	1	违反一次不得分			
		积极思考回答问题	2	根据上课统计情况得1~2分			
		三有一无(有本、笔、书,无手机)	2	不符合要求不得分			
		执行教师命令	0	此为否定项违规酌情扣10~100分,违反校规按校规处理			
	职业道德(5分)	能与他人合作	3	不符合要求不得分			
		追求完美	2	对工作精益求精且效果明显得2分			
	5S(5分)	场地、设备整洁干净	2	使用的工位、设备整洁无杂物,得2分;不合格不得分			
		零部件、工具摆放	2	整齐规范得2分;不合格不得分			
		服装整洁,不佩戴饰物	1	全部合格得1分			
	综合能力(5分)	阅读理解能力	5	2min内正确描述任务名称及要求得5分;超时或表达不完整得3分,其余不得分			
		创新能力(加分项)	5	新渠道正确查阅资料、优化基本检查顺序等,视情况得1~5分			
核心技术(60分)	控制键与制冷系统外观检验(10分)	工量具选用和使用	2	全部正确得2分,错一项扣1分			
		时间要求	3	15min内完成得3分;每超过2分钟扣1分			
		质量要求	5	作业项目完整正确得5分;错项漏项一项扣2分			
		安全要求	0	违反该项不得分			
	自动空调电子控制系统检验(10分)	读取故障码	4	方法正确得4分,错一项扣1分			
		分析故障码	4	正确分析故障码得4分;错一项扣2分			
		清除故障码	2	正确分析故障码得2分;错一项扣1分			
	空调制冷系统的性能试验(25分)	要求项目完整	5	完整得5分,漏一项扣1分			
		检验方法正确	5	全部正确得5分;错一项扣1分			
		原因分析	10	全部正确得10分;错一项扣2分			
		检测项目结果	5	清晰准确得5分;其他不得分			
	编制竣工检验单(15分)	资料使用	5	正确查阅维修手册得5分;错误不得分			
		项目完整	5	完整得5分;错项漏项一项扣1分			
		提炼增项	5	正确得5分;错一项扣1分			

续表

评分项目			配分/分	评分细则	自评得分	小组评价	教师评价
工作页完成情况（20分）	按时完成工作页	按时提交	5	按时提交5分，迟交不得分			
		内容完成程度	5	按情况分别得1~5分			
		回答准确率	5	视情况分别得1~5分			
		字迹书面整洁	5	视情况分别得1~5分			
总分							
综合得分（自评20%，小组评价30%，教师50%）							

教师评价签字： 组长签字：

请根据以上打分情况，对本活动当中的工作和学习状态进行总体评述（从素养的自我提升方面、职业能力的提升方面进行评述，分析自己的不足之处，描述对不足之处的改进措施）。

教师指导意见：

学习活动五：总结拓展

建议学时：8学时

学习要求：通过本活动总结本项目的作业规范和核心技术并通过同类项目练习进行强化。具体工作步骤及要求见表 1-5-1。

表 1-5-1

序号	工作步骤	要　　求	时间	备注
1	撰写技术总结报告	正确分析故障原因及故障排除方法，提出合理的保养方案	2学时	
2	同类任务拓展练习	按各活动学习活动流程和标准要求完成类似任务	6学时	

一、撰写技术总结

要求：(1) 字数 1000 字以上；

(2) 语言表达清晰逻辑性强；

(3) 能根据自身的学习过程突出个人收获与感想。

班级　　　　　姓名　　　　　日期　　　年　　月　　日

	工作任务名称_____
1. 故障现象描述	
2. 故障原因分析	
3. 故障排除方法	

续表

4. 总结
5. 保养维护建议

教师评语

二、知识拓展

查阅网络资源或维修手册,分析大众速腾自动分区空调。

1. 选择分区空调的特点

(　)(1)左右两侧可以通过两个温度翻板分别调节。

(　)(2)温度可在16～29.5℃之间任意调节。

(　)(3)具有6个控制电机,并都带有电位计。

(　)(4)按压"AUTO"按键超过2s,则左右两侧将由司机侧同时控制。

(　)(5)如果压缩机被关闭,同时雨刮被激活,自动空调会自动加大除霜翻板角度,以增加气流量,防止前风挡结霜(雾)。

(　)(6)当车速增加时,自动空调会自动降低鼓风机风速,以降低气流噪音。此时为了能够依然保持车内温度舒适,当设定制冷时,则降低出风口空气温度;若设定制热时,则提高出风口空气温度。

2. 在图1-5-1中标注速腾空调面板开关名称

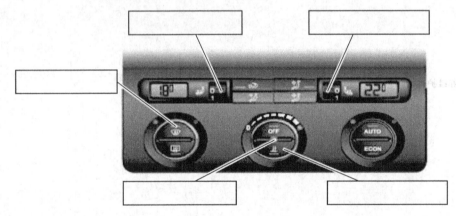

图1-5-1

3. 在图1-5-2中标注气流分配口的名称

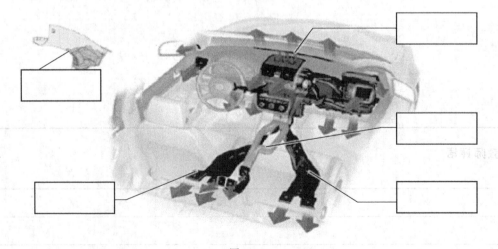

图1-5-2

4. 描述分区空调各元件（图 1-5-3）的作用，填入表 1-5-2。

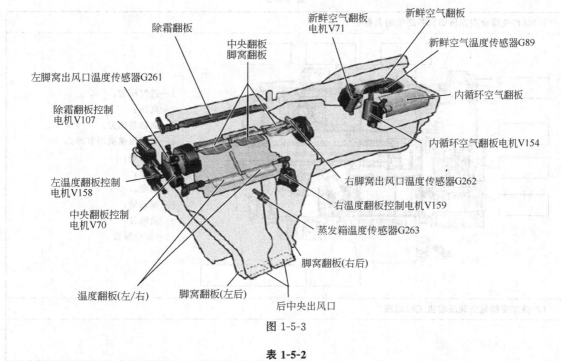

图 1-5-3

表 1-5-2

序号	元　件	作　用
1	带有控制电机的新鲜空气翻板	
2	新鲜空气温度传感器 G89	
3	带有控制电机的内循环空气翻板	
4	左脚窝出风口温度传感器 G261	
5	除霜翻板控制电机 V107	
6	左温度翻板控制电机 V158	
7	中央翻板控制电机 V70	
8	蒸发箱温度传感器 G263	
9	右温度翻板控制电机 V159	
10	右脚窝出风口温度传感器 G262	

5. 描述变排量空调压缩机组成和工作原理（表1-5-3）

表1-5-3

(1) 标注变排量空调压缩机各部位的名称

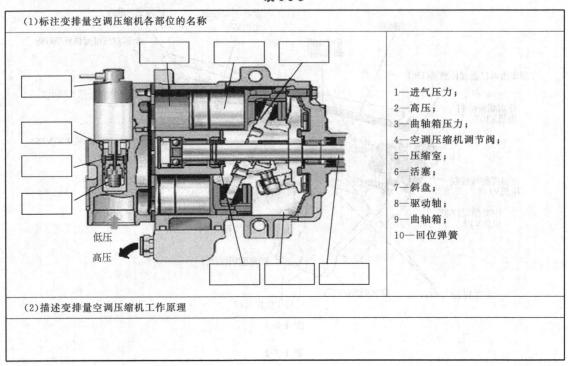

1—进气压力；
2—高压；
3—曲轴箱压力；
4—空调压缩机调节阀；
5—压缩室；
6—活塞；
7—斜盘；
8—驱动轴；
9—曲轴箱；
10—回位弹簧

(2) 描述变排量空调压缩机工作原理

6. 根据图1-5-4描述分区空调工作原理

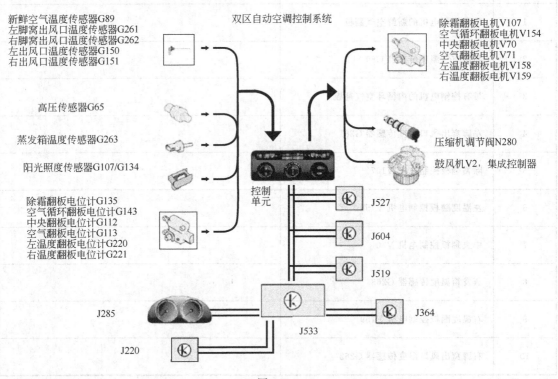

图1-5-4

7. 分析速腾空调不制冷的原因并画出鱼骨图（图 1-5-5）

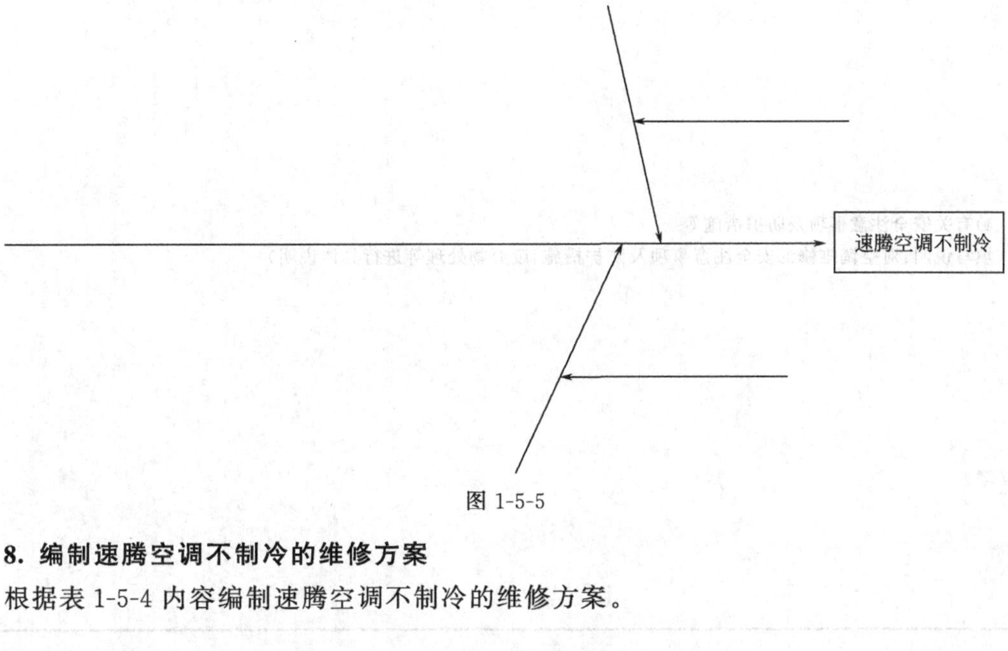

图 1-5-5

8. 编制速腾空调不制冷的维修方案

根据表 1-5-4 内容编制速腾空调不制冷的维修方案。

表 1-5-4

方案名称：_____

(1)任务目标及依据
(填写说明：概括说明本次任务要达到的目标及相关文件和技术资料)

(2)工作内容安排
(填写说明：列出工作流程、工作标准、工量具材料、人员及时间安排等)

工作流程	工作标准	工量具材料	人员安排	时间安排

(3)验收标准
(填写说明：本项目最终的验收相关项目的标准)

(4)有关安全注意事项及防护措施等
(填写说明：对空调维修的安全注意事项及防护措施，废弃物处理等进行具体说明)

三、评价表

请根据表1-5-5要求对本活动中的工作和学习情况进行打分。

表 1-5-5

项次		项目要求	配分/分	评分细则	自评得分	小组评价	教师评价
素养（20分）	纪律情况（5分）	不迟到、早退	1	违反一次不得分			
		积极思考回答问题	2	根据上课统计情况得1~2分			
		三有一无（有本、笔、书，无手机）	2	不符合要求不得分			
		执行教师命令	0	此为否定项，违规酌情扣10~100分，违反校规按校规处理			
	职业道德（5分）	能与他人合作	3	不符合要求不得分			
		追求完美	2	对工作精益求精且效果明显得2分			
	5S（5分）	场地、设备整洁干净	2	使用的工位、设备整洁无杂物，得2分；不合格不得分			
		零部件、工具摆放	2	整齐规范得2分；不合格不得分			
		服装整洁，不佩戴饰物	1	全部合格得1分			
职业能力（60分）	综合能力（5分）	阅读理解能力	5	2min内正确描述任务名称及要求得5分；超时或表达不完整得3分；其余不得分			
		创新能力（加分项）	5	新渠道正确阅资料优化基本检查顺序等，视情况得1~5分			
	技术总结（20分）	能完成技术总结	10	能够按时(40min)完成技术总结得10分；超过3分钟扣2分			
		技术总结条理清楚、分析合理	5	完整得5分；错项漏项一项扣2分			
		资料使用	5	正确查阅维修手册得5分；错误不得分			
		提炼增项（加分项）	5	有增加项目得5分；没有增加项目不得分			
	使用建议（5分）	建议价值	5	按照建议的价值得1~5分			
	速腾空调不制冷故障排除方案（35分）	资料使用	3	正确查阅维修手册得3分；错误不得分			
		检查项目完整	5	完整得5分；错项漏项一项扣1分			
		流程	15	流程正确得15分；错一项扣1分			
		标准	5	标准查阅正确完整得3分；错项漏项一项扣1分			
		工具、材料	5	完整正确得5分；错项漏项一项扣1分			
		安全注意事项及防护	2	完整正确，措施有效得2分；错项漏项一项扣1分			

续表

项次	项目要求		配分/分	评分细则	自评得分	小组评价	教师评价
工作页完成情况（20分）	按时完成工作页	及时提交	5	按时提交得5分，迟交不得分			
		内容完成程度	5	按完成情况分别得1~5分			
		回答准确率	5	视准确率情况分别得1~5分			
		独立完成	5	能独立程度分别得1~5分			
	总分						
	加权平均（自评20%，小组评价30%，教师50%）						

教师评价签字： 　　　　　　　　　　　　　组长签字：

请根据以上打分情况，对本活动当中的工作和学习状态进行总体评述（从素养的自我提升方面、职业能力的提升方面进行评述，分析自己的不足之处，描述对不足之处的改进措施）。

教师指导意见：

四、项目总体评价

根据表1-5-6的内容进行项目总体评价。

表1-5-6

项次	项目内容	权重	综合得分（各活动加权平均分乘以权重）	备注
1	明确任务	10%		
2	制订方案	25%		
3	实施维修	30%		
4	检验交付	20%		
5	总结拓展	15%		
6	合计			
7	本项目合格与否		教师签字	

请根据以上打分情况，对本项目当中的工作和学习状态进行总体评述（从素养的自我提升方面、职业能力的提升方面进行评述，分析自己的不足之处，描述对不足之处的改进措施）。

教师指导意见：

任务二
悦动电动门窗不工作故障诊断与排除

 一、工作情境描述

王老师的北京现代悦动轿车（08款1.6L手动挡），在早晨上班时发现车窗玻璃无法升降，随后将车辆送到4S店维修。经服务顾问检查判断为电动车窗系统故障，你作为未来的维修人员，请4小时之内在车间完成故障排除，通过该学习任务，提出合理的维修方案，并核算成本给予客户解释，在交车时针对此故障现象提供合理的使用和保养建议。

工作过程确保安全并符合5S规范，维修后车辆符合GB 7258—2012《机动车运行安全技术条件》和《悦动轿车维修手册》的相关规定。

 二、学习活动及学时分配表

活动序号	学习活动	学时安排	备注
1	任务分析及检查	6学时	
2	制订方案	10学时	
3	实施维修	16学时	
4	竣工检验	4学时	
5	总结拓展	4学时	

学习活动一：任务分析及检查

建议学时：6学时

学习要求：明确"悦动电动门窗不工作故障诊断与排除"任务的工作要求，能够确定并分析故障现象，掌握电动门窗的组成及作用，并编制故障树。具体工作步骤及要求见表 2-1-1。

表 2-1-1

序号	工作步骤	要　　求	时间	备注
1	识读任务书，确定故障现象	能快速准确明确任务要求并确定故障现象，在教师要求的时间内完成	1学时	
2	描述电动门窗组成	能够简述电动门窗的组成与，能够转向传动过程	3学时	
3	编制悦动电动门窗不工作鱼骨图	根据电动门窗的组成和作用，分析故障原因编制鱼骨图	2学时	

任务二 悦动电动门窗不工作故障诊断与排除

一、接受工作任务

请根据工作情境描述填写接车单

北京现代汽车_____特约销售服务店接车单

顾客姓名		车牌号		车型		顾客电话	
VIN号		行驶里程		车辆颜色		日期/时间	
客户问题描述							
免费保养□		km常规保养□		故障车□	大修□		其他□
故障描述:			① 天气条件:□雨天 □晴天 □气温(　　度)□其他(　　　)				
			② 路面条件:□高速路 □水泥路 □沥青路 □砂石路 □其他(　　) 路面状况:□平坦　□上坡　□下坡 □弯道(急/缓)□其他(　　)				
			③ 行驶状态:□高速 □低速 □加速(急/缓) □减速(急/缓) □滑行				
			④ 工作状态:□冷机 □热机 □启动 □(　)挡 □开空调 □其他(　)				
			⑤ 发生频度:□经常 □就一次 □不定期 □(　)次 □其他(　　)				
			⑥ 其他:				
诊断结果							
其他事项记录:							

环车检查

非索赔旧件		带走□　　　不带走□	外观检查(有损坏处○出) 外观检查(有损坏处用"○"标记)
方向机			
车内仪表		油量显示(用"→"标记)	
车内电器			
点烟器		FULL	
座椅座垫			
车窗			
天窗			
后视镜			
安全带			
车内饰			
雨刮器		EMPTY	
全车灯光			
前车标		后车标　　　　　轮胎轮盖　　　　　随车工具　　　　　其他		

接车人签字:　　　　　　　　顾客签字:

注意:① 此单据中预计费用是预估费用,实际费用以结算单中最终费用为准。
② 将车辆交给维修店检修时,已提示将车内贵重物品自行收起并妥善保管。如有遗失维修店恕不负责。
公司地址:　　邮政编码:　　服务热线:　　24小时救援电话:　　投诉电话:

69

二、确认故障现象

1. 描述实习车辆故障现象

_____
_____
_____
_____

2. 请写出故障确认方法（表 2-1-2）

表 2-1-2

确认方法	操作方法	备注
方法一		
方法二		
其他		

三、分析故障案例

请根据工作情境描述故障现象，查阅汽车维修手册或网络资源对案例（表 2-1-3）进行分析。

表 2-1-3

车型		故障现象	
故障原因			
维修方法			

四、描述电动门窗的特点和组成

1. 汽车电动门窗的特点

（1）电动门窗开关的作用，描述错误的是（　　）。

  A. 可操作四个车门电动窗升降 B. 四个车门均有自动升降功能

  C. 可操作车门上锁及解锁 D. 可锁止四个车门电动窗，使其不工作

（2）安全功能状态_____。

（3）门窗下降距离（不按住 AUTOUP 开关）_____。

（4）门窗下降距离（按住 AUTOUP 开关）_____。

（5）安全功能不可用范围_____。

（6）其他_____。

2. 在图 2-1-1 中标注电动门窗的组成各部分的名称

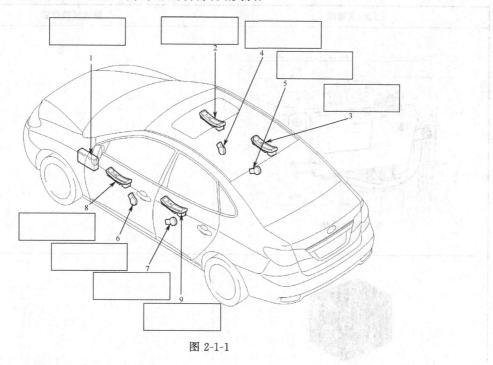

图 2-1-1

3. 找出元件的安装位置并进行描述（表 2-1-4）。

表 2-1-4

元件实物图	描述安装位置
主电动车窗开关	
主电动车窗升降电机总成	

续表

元件实物图	描述安装位置
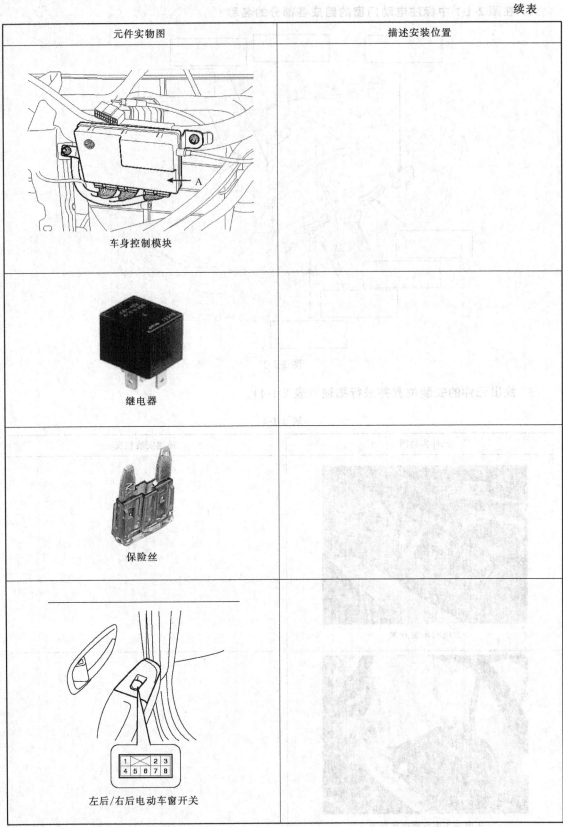车身控制模块	
继电器	
保险丝	
左后/右后电动车窗开关	

续表

元件实物图	描述安装位置
![驱动机构及车窗升降器，标注：扇形齿轮夹具、电机固定螺钉] 驱动机构及车窗升降器	

4. 分析悦动电动门窗电路图完成下面的问题

悦动电动门窗电路图中共有继电器_____个；保险丝_____个；熔断丝_____个；电动车窗开关_____个；电动车窗电机_____个；其中_____、_____、_____电动车窗的电机。

五、编制悦动电动门窗不工作鱼骨图

查阅汽车维修手册或网络资源，编制悦动电动门窗不工作鱼骨图（图 2-1-2）。

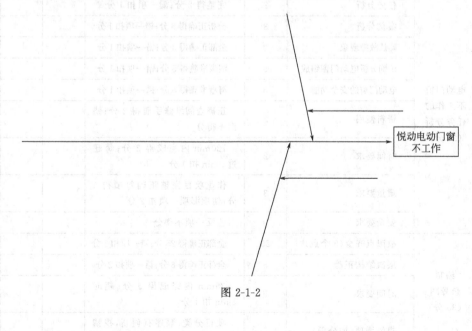

图 2-1-2

六、评价表

请根据表 2-1-5 要求对本活动中的工作和学习情况进行打分。

表 2-1-5

评分项目			配分/分	评分细则	自评得分	小组评价	教师评价
素养(20分)	纪律情况(5分)	不迟到、早退	1	违反一次不得分			
		积极思考回答问题	2	根据上课统计情况得1~2分			
		三有一无(有本、笔、书,无手机)	2	不符合要求不得分			
		执行教师命令	0	此为否定项,违规酌情扣10~100分,违反校规按校规处理			
	职业道德(5分)	能与他人合作	3	不符合要求不得分			
		追求完美	2	对工作精益求精(能提出改进建议)且效果明显得2分			
	5S(5分)	场地、设备整洁干净	2	使用的工位、设备整洁无杂物,得2分;不合格不得分			
		零部件、工具摆放	2	整齐规范得2分;不合格不得分			
		服装整洁,不佩戴饰物	1	全部合格得1分			
	综合能力(5分)	阅读理解能力	5	2min内正确描述任务名称及要求得5分;超时或表达不完整得3分;其余不得分			
		创新能力(加分项)	5	新渠道正确查阅资料、优化基本检查顺序等,视情况得1~5分			
核心技术(60分)	电动门窗不工作的任务分析(25分)	任务分析	2	完整得2分;漏一项扣1分			
		案例分析	3	分析正确得3分;错一项扣1分			
		确认故障现象	3	全部正确得3分;错一项扣1分			
		正确分析电动门窗组成	5	清晰准确得5分;错一项扣1分			
		电动门窗的安全功能	5	清晰准确得5分;错一项扣1分			
		资料使用	2	正确查阅维修手册得2分;错误不得分			
		时间要求	2	120min内完成得2分;每超过3min扣1分			
		质量要求	3	作业项目完整正确每项得1分;错项漏项一项扣2分			
		安全要求	0	违反一项不得分			
	编制鱼骨图(35分)	故障点齐全(5个点)	25	全部正确得25分;错一项扣5分			
		层次结构正确	5	全部正确得6分;错一项扣2分			
		时间要求	5	35min内完成得5分;超时2min扣1分			
		提炼增项(加分项)	5	项目分类、顺序有创新,视情况得1~5分			

任务二 悦动电动门窗不工作故障诊断与排除

续表

评分项目			配分/分	评分细则	自评得分	小组评价	教师评价
工作页完成情况（20分）	按时完成工作页	按时提交	5	按时提交 5 分；迟交不得分			
		内容完成程度	5	按情况分别得 1~5 分			
		回答准确率	5	视情况分别得 1~5 分			
		字迹书面整洁	5	视情况分别得 1~5 分			
		总分					
	综合得分（自评 20%，小组评价 30%，教师 50%）						

教师评价签字：　　　　　　　　　　　　　　组长签字：

请根据以上打分情况，对本活动当中的工作和学习状态进行总体评述（从素养的自我提升方面、职业能力的提升方面进行评述，分析自己的不足之处，描述对不足之处的改进措施）。

教师指导意见：

学习活动二：制订方案

建议学时：10学时

学习要求：能够描述电动门窗各组成部分的工作原理，正确选用工具和材料，并最终编制维修方案。具体工作步骤及要求见表 2-2-1。

表 2-2-1

序号	工作步骤	要　　求	时间	备注
1	描述电动门窗各主要部件作用及工作原理	能够正确简述电机、主控开关组成各部分的作用及工作原理	3学时	
2	分析电路	能够正确分析电动门窗电路（工作电流流向）	2学时	
3	编制维修检查步骤	在45min内完成，检查步骤符合项目分类，实现操作方便维修时间缩短	1学时	
4	选用工具和材料	工具、材料清单完整，型号符合索纳塔车型和客户需求	1学时	
5	制订维修方案	任务描述清晰，检验标准符合厂家要求，工量具材料、维修内容和要求与流程表及维修手册对应	3学时	

任务二 悦动电动门窗不工作故障诊断与排除

一、描述电动门窗组成及部件工作原理

1. 描述电动门窗组成及部件的作用（表 2-2-2）

表 2-2-2

序号	组成	作用
1	主控开关	
2	门窗电机	
3	车身控制单元	
4	保险丝	
5	继电器	
6	门窗锁止开关	
7	副驾驶侧/左后/右后门窗控制开关	
8	副驾驶侧/左后/右后门窗电机	

2. 描述电动门窗部件的工作原理

（1）描述车窗升降器工作过程，填入表 2-2-3。

表 2-2-3

车窗升降器图	① 写出车窗升降器的组成
	② 描述车窗升降器的工作过程

(2) 描述电动机的工作原理，填入表 2-2-4。

表 2-2-4

车窗电动机总成图	① 写出车窗电动机总成的组成
	② 描述车窗电动机总成工作过程

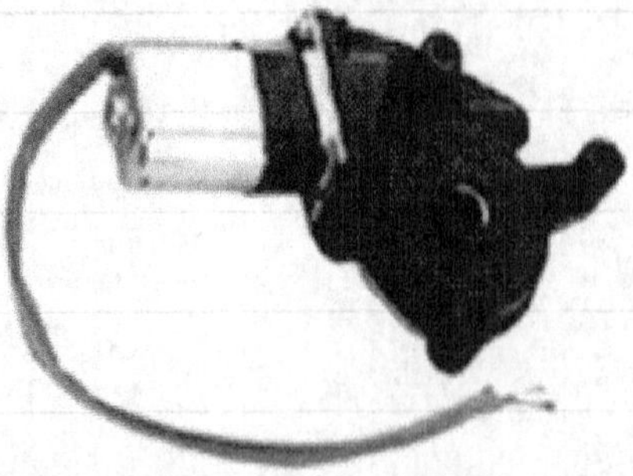

(3) 画出主控开关电路图，填入表 2-2-5。

表 2-2-5

电动门窗主控开关图	画出主控开关电路图
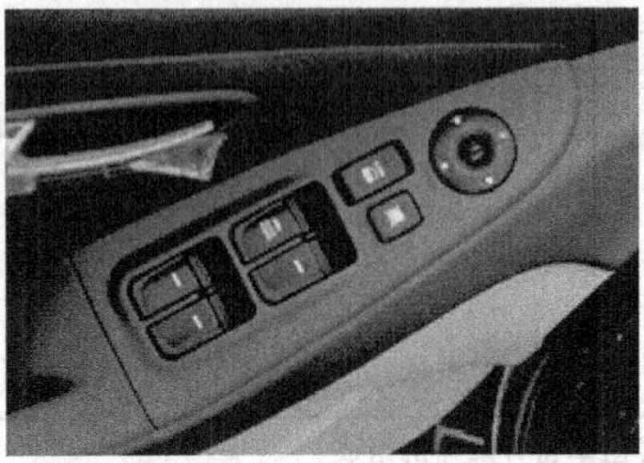	

3. 分析电动门窗各部件的检查内容（表 2-2-6）

表 2-2-6

序号	名　　称	检查内容（项目）
1	主控开关	
2	门窗电机	
3	继电器	
4	保险丝	
5	车身控制单元	
6	门窗锁止开关	
7	副驾驶侧/左后/右后门窗控制开关	
8	副驾驶侧/左后/右后门窗电机	

二、分析电动门窗电路图描述电流的流向

电动门窗电路图如图 2-2-1、图 2-2-2 所示。

任务二 悦动电动门窗不工作故障诊断与排除

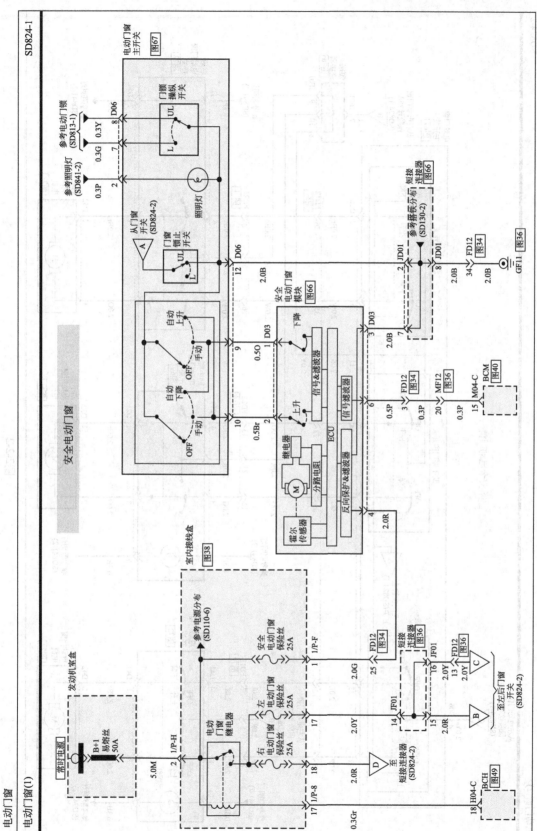

图2-2-1

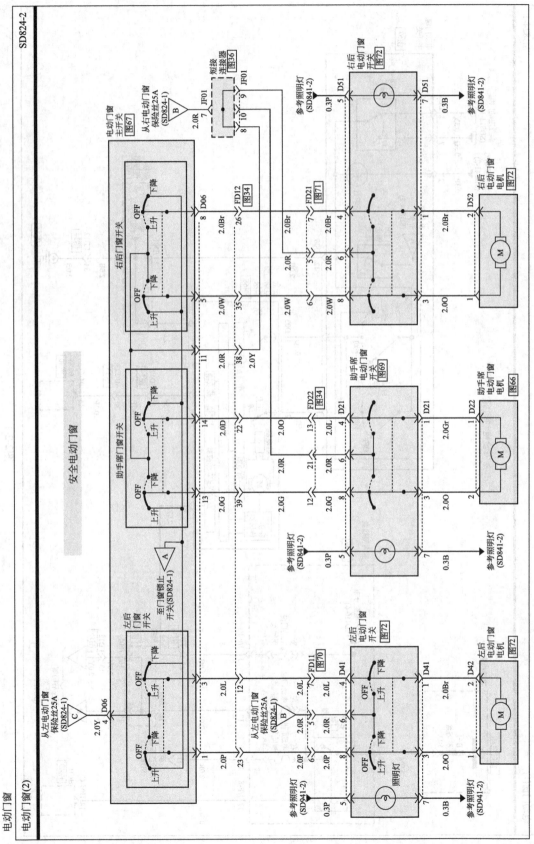

图2-2-2

任务二　悦动电动门窗不工作故障诊断与排除

（1）描述主控开关控制驾驶侧门窗工作时的电流流向（并用红色彩笔在电路中描出电流流向），填入表 2-2-7 中。

表 2-2-7

上升时电流流向	下降时电流流向

（2）主控开关控制副驾驶侧门窗工作时的电流流向（并用蓝色彩笔在电路中描出电流流向），填入表 2-2-8 中。

表 2-2-8

上升时电流流向	下降时电流流向

（3）副驾驶侧开关控制副驾驶侧门窗工作时的电流流向（并用黄色彩笔在电路中描出电流流向），填入表 2-2-9 中。

表 2-2-9

上升时电流流向	下降时电流流向

三、编制检查步骤

查阅维修手册或网络资源,编制电动门窗不工作维修检查步骤,填入表 2-2-10。

表 2-2-10

序号	检查步骤
1	
2	
3	
4	
5	
6	
7	
8	
9	
10	

四、编制工量具清单

查阅维修手册,根据维修单,编制工具、材料清单,填入表 2-2-11。

表 2-2-11

工具名称	规格	材料名称	规格

五、编制维修方案

根据表 2-2-12，编制维修方案。

表 2-2-12

方案名称_____

1. 任务目标及依据
（填写说明：概括说明本次任务要达到的目标及相关文件和技术资料）

2. 工作内容安排
（填写说明：列出工作流程、工作要求、工量具材料、人员及时间安排等）

工作流程	工作要求	工量具材料	人员安排	时间安排

3. 验收标准
（填写说明：本项目最终的验收相关项目的标准）

4. 有关安全注意事项及防护措施等
（填写说明：对行驶系检查的安全注意事项及防护措施，废弃物处理等进行具体说明）

六、评价表

请根据表 2-2-13 要求对本活动中的工作和学习情况进行打分。

表 2-2-13

评分项目			配分/分	评分细则	自评得分	小组评价	教师评价
素养 (20分)	纪律情况 (5分)	不迟到、早退	1	违反一次不得分			
		积极思考回答问题	2	根据上课统计情况得1~2分			
		三有一无(有本、笔、书,无手机)	2	不符合要求不得分			
		执行教师命令	0	此为否定项,违规酌情扣10~100分,违反校规按校规处理			
	职业道德 (5分)	能与他人合作	3	不符合要求不得分			
		追求完美	2	对工作精益求精(能提出改进建议)且效果明显得2分			
	5S (5分)	场地、设备整洁干净	2	使用的工位、设备整洁无杂物,得2分;不合格不得分			
		零部件、工具摆放	2	整齐规范得2分;不合格不得分			
		服装整洁,不佩戴饰物	1	全部合格得1分			
	综合能力 (5分)	阅读理解能力	5	2min内正确描述任务名称及要求得5分;超时或表达不完整得3分			
		创新能力(加分项)	5	新渠道正确查阅资料、优化基本检查顺序等,视情得1~5分			
核心技术 (60分)	电动门窗各部件组成及工作原理分析 (7分)	电机组成及工作原理分析	2	分析正确得2分;漏一项扣1分			
		主控开关组成分析	3	分析正确得3分;错一项扣1分			
		机械部件组成及工作原理分析	2	分析正确得2分;错一项扣1分			
	电动门窗电路分析 (20分)	主控开关控制驾驶侧门窗上升/下降电流流向分析	6	分析正确得1分;错一项扣1分			
		主控开关控制副驾驶侧门窗上升/下降电流流向分析	4	分析正确得1分;错一项扣1分			
		副驾驶开关控制门窗上升/下降电流流向分析	4	分析正确得1分;错一项扣1分			
		左后开关控制的门窗上升/下降电流流向分析	3	分析正确得1分;错一项扣1分			
		右后开关控制的门窗上升/下降电流流向分析	3	分析正确得3分;错一项扣1分			

任务二　悦动电动门窗不工作故障诊断与排除

续表

评分项目			配分/分	评分细则	自评得分	小组评价	教师评价
核心技术（60分）	编制检查步骤（4分）	资料使用	2	正确查阅维修手册得2分；错误不得分			
		项目完整	1	完整得1分；错项漏项一项扣1分			
		提炼增项	1	正确得1分			
	编制工具清单（4分）	工量具选用和使用	1	全部正确得1分；错一项扣1分			
		时间要求	1	15min内完成得1分；每超过3分钟扣1分			
		质量要求	1	作业项目完整正确得1分			
		安全要求	1	违反一项基本检查不得分			
	编制维修方案（25分）	编制依据	3	编制依据正确得3分；错一项扣1分			
		工作流程	7	流程合理可行，逻辑清晰，内容完整7分；错项漏项扣1分			
		工作要求	7	内容完整，要求项目正确可靠得7分；错项扣1分			
		人员安排	3	安排正确合理得3分；错误扣1分			
		时间安排	3	安排正确合理得3分；错误扣1分			
		验收标准	2	标准正确合理，齐全得2分；错项漏项扣1分			
工作页完成情况（20分）	按时完成工作页	按时提交	5	按时提交得5分；迟交不得分			
		内容完成程度	5	按情况分别得1～5分			
		回答准确率	5	视情况分别得1～5分			
		字迹书面整洁	5	视情况分别得1～5分			
总分							
综合得分（自评20%，小组评价30%，教师50%）							
教师评价签字：				组长签字：			

请根据以上打分情况，对本活动当中的工作和学习状态进行总体评述（从素养的自我提升方面、职业能力的提升方面进行评述，分析自己的不足之处，描述对不足之处的改进措施）。

教师指导意见：

学习活动三：实施维修

建议学时：16 学时

学习要求：通过该活动，能够完成电动门窗不工作主要部件的检修的测量与调整。具体工作步骤及要求见表 2-3-1。

表 2-3-1

序号	工作步骤	要　　求	时间	备注
1	主控开关检查与更换	按照维修手册要求，正确检查主控开关	2 学时	
2	其他门窗开关更换与检查	按照维修手册要求，正确完成左前、左后、右前门窗开关检查	4 学时	
3	保险丝检查与更换	按照维修手册要求，正确完成保险丝的检查	0.5 学时	
4	继电器检查与更换	按照维修手册要求，正确完成继电器的检查	0.5 学时	
5	电机的检查与更换	按照维修手册要求，正确完成电机的检查	3 学时	
6	玻璃升降器的检查与更换	能够正确操作玻璃升降器的检查与更换	6 学时	

一、检查准备工作

1. 实习场地 5S 检查

2. 工量具准备

3. 安全注意事项

二、检查电动门窗部件并填写记录单

1. 检查主控开关并填写记录单（表 2-3-2）

表 2-3-2

记录主控开关拆装步骤及注意事项	拆卸部件
	▷：螺钉位置

任务二 悦动电动门窗不工作故障诊断与排除

根据图 2-3-1，检查各端子导通性并填写记录单（表 2-3-3）。

[自动上升/下降]

位置\端子	左前				右前			
	4	6	5	2	10	1	3	2
上升		○—	—	—○	○—	—○	○—	—○
OFF						○—	—○—	—○
下降			○—	—○	○—	—	—	—○

位置\端子	左后				右后			
	11	9	12	2	10	7	8	2
上升	○—	—○			○—	—	—○	
OFF			○—	—○			○—	—○
下降	○—	—	—○			○—	—	—○	

位置\端子	左前			
	4	6	5	2
自动上升	○—	—○—	—○	
自动下降	○—	—	—○—	—○

图 2-3-1

表 2-3-3

检查内容	端子导通性	检查结果	维修方法
上升时检查端子：	左前：6-2		
	右前：10-1；3-2		
	左后：11-9；12-2		
	右后：10-7；8-2		
下降时检查端子	左前：5-2		
	右前：10-3；1-2		
	左后：11-12；9-2		
	右后：10-8；7-2		
OFF 时检查端子：	左前：无		
	右前：2-3；1-2		
	左后：2-12；9-2		
	右后：2-8；7-2		
自动上升左	前：2-6；4-2		
自动下降	左前：2-5；4-2		

2. 检查后左门窗开关并填写记录单（表 2-3-4）。

表 2-3-4

记录后左开关拆装步骤及注意事项	分离电动门窗后左开关连接器
	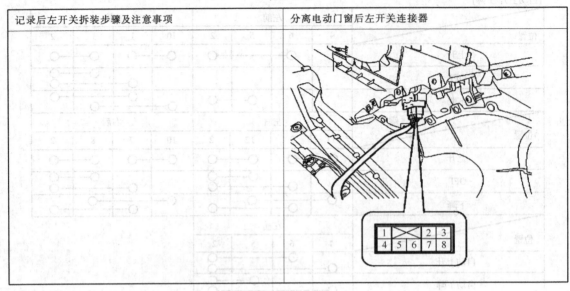

根据图 2-3-2，检查各端子导通性并填写记录单（表 2-3-5）。

端子 位置	6	4	8	3	1
UP	○————	————	————	————	———○
OFF			○————	————○	
DOWN		○————	————	————	———○

图 2-3-2

表 2-3-5

检查内容	端子导通性	检查结果	维修方法
UP	6-1		
	3-8		
OFF	3-8		
	4-1		
DOWN	3-6		
	1-4		

任务二　悦动电动门窗不工作故障诊断与排除

3. 检查电动门窗保险丝、继电器并填写记录单（表 2-3-6）

表 2-3-6

序号	检查内容	检查标准	检查结果	维修方法
1	保险丝			
2	继电器 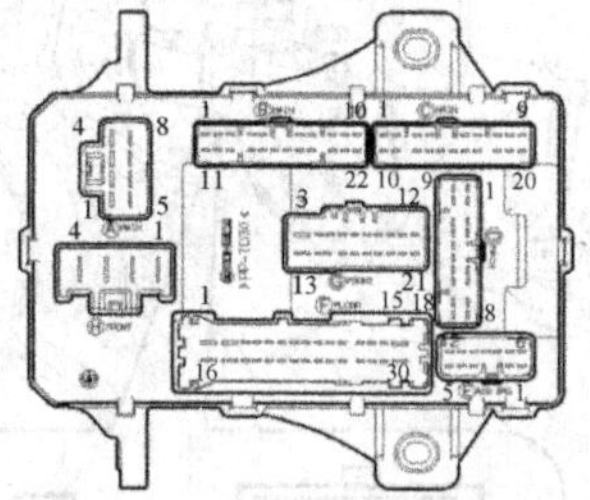			

4. 检查门窗电机并填写记录单（表 2-3-7）

表 2-3-7

记录门窗电机拆装步骤及注意事项	拆卸部件
步骤： ① 拆卸蓄电池负极端子； ② 拆卸扇形口盖； ③ 拆卸车门装饰板； ④ 分离电机连接器(2P)-如右图所示。 注意事项：	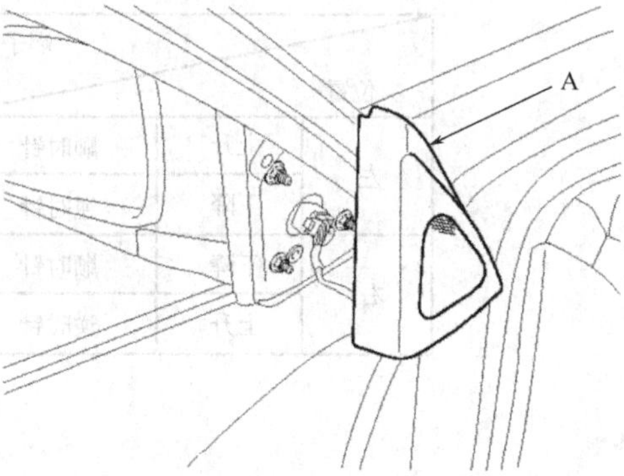 ▷:螺钉位置

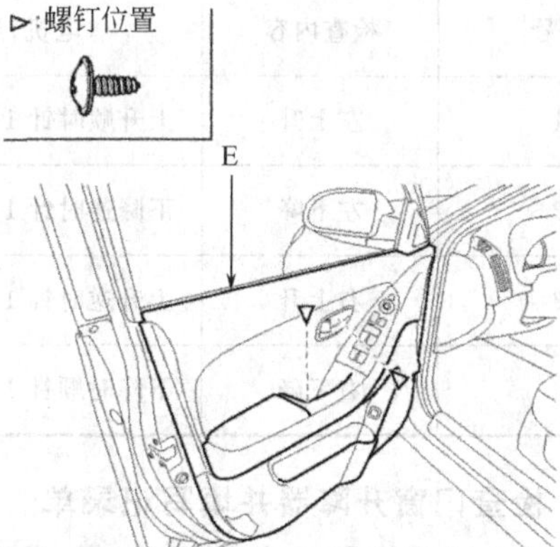

91

记录门窗电机拆装步骤及注意事项	拆卸部件
步骤： ① 拆卸蓄电池负极端子； ② 拆卸扇形口盖； ③ 拆卸车门装饰板； ④ 分离电机连接器(2P)-如右图所示。 注意事项：	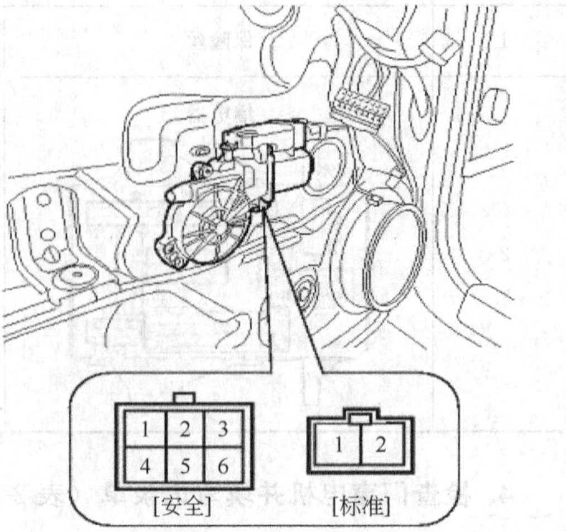 （图示：门窗电机及连接器，[安全] 1 2 3 / 4 5 6，[标准] 1 2）

根据图 2-3-3，检查电机各端子导通性并填写记录单（表 2-3-8）。

位置	端子		1	2
左	上升	顺时针	⊕	⊖
	下降	逆时针	⊖	⊕
右	下降	顺时针	⊖	⊕
	上升	逆时针	⊕	⊖

图 2-3-3

表 2-3-8

序号	检查内容	（电机）运转	检查结果	维修方法
1	左上升	上升顺时针1＋－－2－		
2	左下降	下降逆时针1－－－2＋		
3	右上升	上升逆时针1＋－－2－		
4	右下降	下降时顺针1－－－2＋		

5. 检查门窗升降器并填写记录单

门窗升降器拆装示意如图 2-3-4 所示，检查门窗升降器并填写记录单（表 2-3-9）。

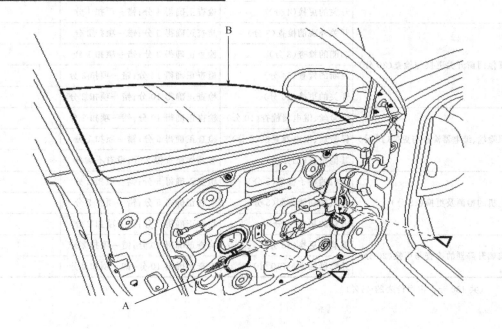

图 2-3-4

表 2-3-9

检查内容	拆装步骤及注意事项	检查标准	检查结果	维修方法
主驾驶侧门窗升降器				
副驾驶侧门窗升降器				
左后门窗升降器				
右后门窗升降器				

三、操作评价表

根据表 2-3-10 内容进行操作评价。

表 2-3-10

环节	评价点	配分	教师评价
主控开关检查与更换(20分)	开关外观的检查(3分)	检查正确得3分；错一项扣1分	
	功能的检查(3分)	检查正确得3分；错一项扣1分	
	通断的检查(10分)	检查正确得10分；错一项扣2分	
	开关的更换(4分)	检查正确得4分；错一项扣1分	
其他门窗开关更换与检查(30分)	开关外观的检查(3分)	检查正确得5分；错一项扣2分	
	功能的检查(3分)	检查正确得3分；错一项扣1分	
	通断的检查(14分)	检查正确得14分；错一项扣2分	
	开关的更换(10分)	检查正确得10分；错一项扣2分	
保险丝、继电器检查与更换(15分)	保险丝、继电器检查(10分)	检查正确得10分；错一项扣2分	
	保险丝、继电器更换(5分)	检查正确得5分；错一项扣1分	
	其他检查(加分项)	有其他检查得2分；没有不加分	
电机的检测及更换(15分)	电机的端子检测(5分)	检查正确得5分；错一项扣2分	
	电机的功能检测(5分)	检查正确得5分；错一项扣2分	
	电机的更换(5分)	检查正确得5分；错一项扣2分	
玻璃升降器的检查与更换(20分)	玻璃的更换(10分)	检查正确得10分；错一项扣2分	
	升降器的更换(10分)	检查正确得10分；错一项扣2分	

(共100分，占评价表的45%)

四、评价表

请根据表 2-3-11 要求对本活动中的工作和学习情况进行打分。

表 2-3-11

评分项目			配分/分	评分细则	自评得分	小组评价	教师评价
素养(20分)	纪律情况(5分)	不迟到、早退	1	违反一次不得分			
		积极思考回答问题	2	根据上课统计情况得1~2分			
		三有一无(有本、笔、书,无手机)	2	不符合要求不得分			
		执行教师命令	0	此为否定项,违规酌情扣10~100分,违反校规按校规处理			
	职业道德(5分)	能与他人合作	3	不符合要求不得分			
		追求完美	2	对工作精益求精(能提出改进建议)且效果明显得2分			
	5S(5分)	场地、设备整洁干净	2	使用的工位、设备整洁无杂物,得2分;不合格不得分			
		零部件、工具摆放	2	整齐规范2分;不合格不得分			
		服装整洁,不佩戴饰物	1	全部合格得1分			
	综合能力(5分)	阅读理解能力	5	2min内正确描述任务名称及要求得5分;超时或表达不完整得3分;其余不得分			
		创新能力(加分项)	5	新渠道正确查阅资料、优化基本检查顺序等,视情况得1~5分			
核心技术(60分)	电动门窗的检修(45分)	详见操作评价表2-3-10					
	工具选用(15分)	工量具选用	5	全部正确得5分;错一项扣1分			
		使用方法	5	使用方法正确得5分;错一项扣1分			
		安全要求	5	违反一项基本检查不得分			
工作页完成情况(20分)	按时完成工作页	按时提交	5	按时提交得5分;迟交不得分			
		内容完成程度	5	按情况分别得1~5分			
		回答准确率	5	视情况分别得1~5分			
		字迹书面整洁	5	视情况分别得1~5分			
总分							
综合得分(自评20%,小组评价30%,教师50%)							

教师评价签字: 组长签字:

请根据以上打分情况,对本活动当中的工作和学习状态进行总体评述(从素养的自我提升方面、职业能力的提升方面进行评述,分析自己的不足之处,描述对不足之处的改进措施)。

教师指导意见:

学习活动四：竣工检验

建议学时：4学时

学习要求：通过该活动，能够完成车辆竣工检验，并编制填写竣工检验报告。具体工作步骤及要求见表 2-4-1。

表 2-4-1

序号	工作步骤	要　　求	时间	备注
1	拆装部位检验	按照维修手册的要求检查各部件的安装是否到正确位置	1学时	
2	功能检查	根据检验单完成检查	1学时	
3	编制、填写竣工检验单	能够独立编制、填写竣工检验单给出合理的使用保养建议	1.5学时	
4	打扫场地卫生，合理处理废弃物	打扫场地卫生，擦拭使用工具、量具、检测仪器，合理处理废弃物	0.5学时	

一、查询电动门窗检验标准

查阅 GB 7258—2012《机动车运行安全技术条件》写出关于电动门窗竣工检验标准:

_____
_____
_____
_____

二、实施检验并填写竣工检验单

1. 检查拆装部位并填写记录单（表 2-4-2）

表 2-4-2

检查项目	检查标准	检查结果		备注
内饰板		左前		
		右前		
		左后		
		右后		
门窗开关		左前		
		右前		
		左后		
		右后		
玻璃及升降器		左前		
		右前		
		左后		
		右后		

2. 检查电动门窗功能并填写记录单（表 2-4-3）

表 2-4-3

检查项目	检查标准	检查结果		备注
上升功能		左前		
		右前		
		左后		
		右后		
下降功能		左前		
		右前		
		左后		
		右后		
安全功能		左前		
		右前		
		左后		
		右后		

3. 实施检验并填写竣工检验单

北京现代特许销售服务商 车辆出厂检验单

维修委托书号：　　　车牌号：　　　入厂里程（km）：　　　出厂里程（km）：　　　检验日期：

类别	检查项目	状态良好	有待修正	类别	检查项目	状态良好	有待修正
修理后的检查：	对本次修理项目的基本检查	○	○	路试：	发动机的升速和降速	○	○
试车前的检查：	车轮紧固度	○	○		变速器换挡的清晰度和行程	○	○
	发动机各皮带及轮子驱动附件	○	○		变速器换挡是否平顺	○	○
	卡箍、管子的固定、管束以及电路线束是否坚固	○	○		驻车制动的行程和有效性	○	○
	附件皮带的状态和松紧度	○	○		刹车踏板的行程和有效性	○	○
内部检查：	内饰件及座椅是否整洁	○	○		仪表设备的操作运行	○	○
	各电器设备和附件的运行	○	○		转向的精确度	○	○
	方向盘的附件和方向盘的松旷度	○	○		暖风、通风、空气调节、循环状况	○	○
外部检查：	车身零件：平整度和间隙	○	○		加速性能	○	○
	外观和油漆	○	○		整体表现、减震、车轮动平衡	○	○
	检查是否有漆痕（轮胎、密封件、外部元件、车灯上等）	○	○	试车后的检查：	方向保持能力、稳态行驶速度、加速、减速、刹车	○	○
	检查喷漆是否有流走痕或漏漆	○	○		发动机风扇的工作情况	○	○
	车窗玻璃表面	○	○		各密封件（发动机、变速器、转向机、减震器、制动和冷却系统）	○	○
	轮罩和装饰件的外观	○	○		各波纹管的状态、转向机、转向球头、变速器	○	○
	对客户的建议				排放检测	○	○
					电脑记忆数据读取	○	○
					对维修车间的建议		

质检结果：　　　需要返修 □　　　质检合格 □

质检员签字：

三、填写维修项目增项单

依照竣工检验单，填写维修项目增项单，填入表 2-4-4。

表 2-4-4

序号	项目分类	工时估价	材料估价	估价合计	延时时间	备注
1	安全类项目					
(1)						
(2)						
(3)						
(4)						
(5)						
(6)						
(7)						
2	非安全类项目	工时估价	材料估价	估价合计	延时时间	备注
(1)						
(2)						
(3)						
(4)						
(5)						
(6)						
(7)						
(8)						
以上序号： 项目服务顾问已与客户： 确认,客户同意更换。						
以上序号： 项目服务顾问已与客户： 确认,客户不同意更换。						
说明： (1)安全类项目建议客户必须维修以免对人身以车辆的伤害和损失,非安全类项目可以选择维修。 (2)此维修项目增项单为委托书一部分,客户、服务顾问签字后拥有与任务委托书相同效力。						

四、成本核算

请小组讨论，回顾整个任务的工作过程，列出所使用的耗材，并参考库房管理员提供的价格清单，对此次任务的单个样品使用耗材进行成本核算，填入表 2-4-5。

表 2-4-5

序号	部件名称	规格	数量	单价/元	合计
1					
2					
3					
4					
5					
6					
7					
8					
合　计					

五、使用与保养建议

(1) 向客户进行说明电动门窗在日常保养中的注意事项。

_____

_____

(2) 维修该项目后，保修期是多少？是否有相关依据？

_____

_____

(3) 想一想：在维修过程中哪些方面能够做到资源的节省与环保？

_____

_____

六、评价表

请根据表 2-4-6 要求对本活动中的工作和学习情况进行打分。

表 2-4-6

	评分项目		配分/分	评分细则	自评得分	小组评价	教师评价
素养(20分)	纪律情况(5分)	不迟到、早退	1	违反一次不得分			
		积极思考回答问题	2	根据上课统计情况得1~2分			
		三有一无(有本、笔、书,无手机)	2	不符合要求不得分			
		执行教师命令	0	此为否定项,违规酌情扣10~100分,违反校规按校规处理			
	职业道德(5分)	能与他人合作	3	不符合要求不得分			
		追求完美	2	对工作精益求精且效果明显得2分			
	5S(5分)	场地、设备整洁干净	2	使用的工位、设备整洁无杂物,得2分;不合格不得分			
		零部件、工具摆放	2	整齐规范得2分;不合格不得分			
		服装整洁,不佩戴饰物	1	全部合格得1分			
	综合能力(5分)	阅读理解能力	5	2min内正确描述任务名称及要求得5分;超时或表达不完整得3分;其余不得分			
		创新能力(加分项)	5	新渠道正确查阅资料、优化基本检查顺序等,视情况得1~5分			
核心技术(60分)	竣工检查(20分)	工量具选用和使用	5	全部正确得5分;错一项扣1分			
		时间要求	5	15min内完成得5分;每超过2min扣1分			
		质量要求	10	作业项目完整正确得10分;错项漏项一项扣2分			
		安全要求	0	违反该项不得分			
	功能检查(25分)	要求项目完整	5	完整得5分;漏一项扣1分			
		检查方法	5	全部正确得5分;错一项扣1分			
		原因分析	10	全部正确得10分;错一项扣2分			
		检测项目结果	5	清晰准确得5分;其他不得分			
	编制竣工检验单(15分)	资料使用	5	正确查阅维修手册得5分;错误不得分			
		项目完整	5	完整得5分;错项漏项一项扣1分			
		提炼增项	5	正确得5分;错一项扣1分			

续表

评分项目			配分/分	评分细则	自评得分	小组评价	教师评价
工作页完成情况（20分）	按时完成工作页	按时提交	5	按时提交得5分；迟交不得分			
		内容完成程度	5	按情况分别得1~5分			
		回答准确率	5	视情况分别得1~5分			
		字迹书面整洁	5	视情况分别得1~5分			
总分							
综合得分（自评20%，小组评价30%，教师50%）							

教师评价签字： 组长签字：

请根据以上打分情况，对本活动当中的工作和学习状态进行总体评述（从素养的自我提升方面、职业能力的提升方面进行评述，分析自己的不足之处，描述对不足之处的改进措施）。

教师指导意见：

学习活动五：总结拓展

建议学时：4学时

学习要求：通过本活动总结本项目的作业规范和核心技术并通过同类项目练习进行强化。具体工作步骤及要求见表 2-5-1。

表 2-5-1

序号	工作步骤	要　　求	时间	备注
1	撰写技术总结报告	正确分析故障原因及故障排除方法，提出合理的保养方案	2学时	
2	同类任务拓展练习	按各活动学习活动流程和标准要求完成类似任务	2学时	

一、撰写技术总结

要求：(1) 字数 1000 字以上；

(2) 语言表达清晰逻辑性强；

(3) 能根据自身的学习过程突出个人收获与感想。

班级　　　　姓名　　　　日期　　年　月　日

工作任务名称＿＿＿＿＿＿＿＿＿＿＿＿

1. 故障现象描述

2. 故障原因分析

3. 故障排除方法

4. 总结

5. 保养维护建议

教师评语

二、总结拓展

1. 总结无钥匙电动车窗的特点

_____

_____

2. 描述无钥匙电动车窗的组成

_____

_____

3. 描述有钥匙与无钥匙电动车窗功能有哪些区别，填入表 2-5-2

表 2-5-2

项目	有钥匙	无钥匙	备注

4. 画出无钥匙电动门窗不工作原因的鱼骨图（图 2-5-1）。

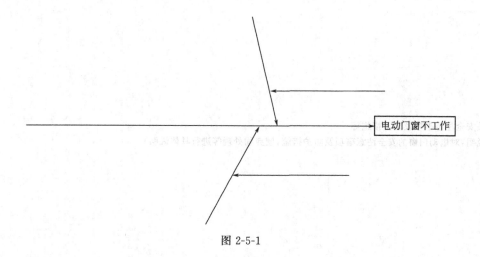

图 2-5-1

5. 编制故障排除方案

根据表 2-5-3，编制故障排除方案。

表 2-5-3

方案名称 _____

(1) 任务目标及依据
（填写说明：概括说明本次任务要达到的目标及相关文件和技术资料）

(2) 工作内容安排
（填写说明：列出工作流程、工作要求、工量具材料、人员及时间安排等）

工作流程	工作要求	工量具材料	人员安排	时间安排

(3) 验收标准
（填写说明：本项目最终的验收相关项目的标准）

(4) 有关安全注意事项及防护措施等
（填写说明：对电动门窗的安全注意事项及防护措施，废弃物处理等进行具体说明）

三、评价表

请根据表 2-5-4 要求对本活动中的工作和学习情况进行打分。

表 2-5-4

项次	项目要求		配分/分	评分细则	自评得分	小组评价	教师评价
素养(20分)	纪律情况(5分)	不迟到、早退	1	违反一次不得分			
		积极思考回答问题	2	根据上课统计情况得1~2分			
		三有一无(有本、笔、书、无手机)	2	不符合要求不得分			
		执行教师命令	0	此为否定项,违规酌情扣10~100分,违反校规按校规处理			
	职业道德(5分)	能与他人合作	3	不符合要求不得分			
		追求完美	2	对工作精益求精且效果明显得2分			
	5S(5分)	场地、设备整洁干净	2	使用的工位、设备整洁无杂物,得2分;不合格不得分			
		零部件、工具摆放	2	整齐规范得2分;不合格不得分			
		服装整洁,不佩戴饰物	1	全部合格得1分			
	综合能力(5分)	阅读理解能力	5	2min内正确描述任务名称及要求得5分;超时或表达不完整得3分;其余不得分			
		创新能力(加分项)	5	新渠道正确查阅资料、优化基本检查顺序等,视情况得1~5分			
职业能力(60分)	技术总结(20分)	能完成技术总结	10	能够按时(40min)完成技术总结得10分;超过3min扣2分			
		技术总结条理清楚、分析合理	5	完整得5分;错项漏项一项扣2分			
		资料使用	5	正确查阅维修手册得5分;错误不得分			
		提炼增项(加分项)	5	有增加项目得5分;没有增加项目不得分			
	使用建议(5分)	建议价值	5	按照建议的价值得1~5分			
	故障排除方案(35分)	资料使用	3	正确查阅维修手册得3分;错误不得分			
		检修项目完整	5	完整得5分;错项漏项一项扣1分			
		流程	15	流程正确得15分;错一项扣1分			
		标准	5	标准查阅正确完整得3分;错项漏项一项扣1分			
		工具、材料	5	完整正确得5分;错项漏项一项扣1分			
		安全注意事项及防护	2	完整正确,措施有效得2分;错项漏项一项扣1分			

续表

项次	项目要求		配分/分	评分细则	自评得分	小组评价	教师评价
工作页完成情况（20分）	按时完成工作页	及时提交	5	按时提交得5分；迟交不得分			
		内容完成程度	5	按完成情况分别得1～5分			
		回答准确率	5	视准确率情况分别得1～5分			
		独立完成	5	能独立程度分别得1～5分			
		总分					
		加权平均（自评20%，小组评价30%，教师50%）					

教师评价签字：　　　　　　　　　　　　　　　　组长签字：

请根据以上打分情况，对本活动当中的工作和学习状态进行总体评述（从素养的自我提升方面、职业能力的提升方面进行评述，分析自己的不足之处，描述对不足之处的改进措施）。

教师指导意见：

四、项目总体评价

根据表2-5-5，对项目进行总体评价。

表 2-5-5

项次	项目内容	权重	综合得分（各活动加权平均分乘以权重）	备注
1	明确任务	10%		
2	制订方案	25%		
3	实施维修	30%		
4	检验交付	20%		
5	总结拓展	15%		
6	合计			
7	本项目合格与否		教师签字	

请根据以上打分情况，对本项目当中的工作和学习状态进行总体评述（从素养的自我提升方面、职业能力的提升方面进行评述，分析自己的不足之处，描述对不足之处的改进措施）。

教师指导意见：

任务三
速腾防盗报警故障诊断与排除

一、工作情境描述

朱先生驾驶一辆速腾 2008 款轿车去郊区旅游，次日早晨车辆无法启动，仪表显示未找到汽车钥匙。随后将车辆拖 4S 店维修，经服务顾问检查试车后，确认为防盗系统故障。报工时费 400 元，材料费 500 元，检测、拆解完毕后请客户签字确认。请 4 小时之内在车间完成故障排除，通过该学习任务，提出合理的维修方案，并核算成本给予客户解释，在交车时针对此故障现象提供合理的使用和保养建议。

工作过程确保安全并符合 5S 规范，大修后车辆符合 GB 7258—2012《机动车运行安全技术条件》和《速腾汽车维修手册技术要求》。

二、学习活动及学时分配表

活动序号	学习活动	学时安排	备注
1	任务分析及检查	4 学时	
2	制订方案	8 学时	
3	实施维修	6 学时	
4	竣工检验	2 学时	
5	总结拓展	4 学时	

学习活动一：任务分析及检查

建议学时：4学时

学习要求：明确"速腾防盗系统报警故障"任务的工作要求，能够确定并分析故障现象，掌握防盗系统的组成及作用，并编制鱼骨图。具体工作步骤及要求见表 3-1-1。

表 3-1-1

序号	工作步骤	要　　求	时间	备注
1	识读任务书，确定故障现象	能快速准确明确任务要求并确定故障现象，在教师要求的时间内完成	0.5学时	
2	描述防盗系统组成与作用	能够简述防盗系统的功能，防盗系统各部件安装位置	2学时	
3	编制速腾防盗系统故障鱼骨图	根据防盗系统组成和作用分析故障原因编制鱼骨图	1.5学时	

任务三 速腾防盗报警故障诊断与排除

一、接受工作任务

请根据工作情境描述填写接车单。

一汽大众　　销售服务有限公司
接车单

服务电话：_____

车牌号：		车型：		接车时间：___日___时___分
客户姓名：		客户联系电话：		方便联系时间：___时

基本信息及需求确认

客户陈述及要求：
- 是□ 否□ 是否需要预检
- 是□ 否□ 是否需要路试
- 是□ 否□ 是否贵重物品提醒
- 是□ 否□ 是否洗车
- 是□ 否□ 是否保留旧件

服务顾问建议：

预估维修项目（包括客户描述及经销商检测结果）：

预估费用：工时费___元　材料费___元　合计：___元

预估交车时间：___月___日___时

注意！因车辆临修需要，有可能涉及路试，如在路试中发生交通事故按保险公司对交通事故处理方法处理！

接车里程精确到个位数：_____km

油表位置： 0 ── 1/2 ── 1

外观确认：含轮胎、玻璃等，如有问题，画圆圈标注在车辆相应位置。

接车检查

检查项目	接车确认	备注
车钥匙及应急钥匙	正常□ 异常□	
内饰	正常□ 异常□	
仪表灯显示	正常□ 异常□	
雨刮功能	正常□ 异常□	
天窗	正常□ 异常□	
音响	正常□ 异常□	
空调	正常□ 异常□	
点烟器	正常□ 异常□	
座椅及安全带	正常□ 异常□	
后视镜	正常□ 异常□	
玻璃升降	正常□ 异常□	
天线	正常□ 异常□	
备胎	正常□ 异常□	
随车工具	正常□ 异常□	

服务顾问签名：_____　　客户签字：_____

二、确认故障现象

描述下列仪表故障灯显示状态,选出与故障车辆一致的图片,并在图片上打"√"(图 3-1-1)。

(a)

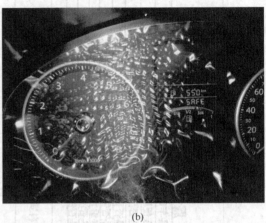
(b)

图 3-1-1

三、分析故障案例

请根据工作情境描述故障现象,查阅汽车维修手册或网络资源对案例(表 3-1-2)进行分析。

表 3-1-2

车型		故障现象	
故障原因			
维修方法			

四、描述防盗系统的功能

1. 描述汽车防盗系统的功能

_____
_____
_____
_____

2. 速腾防盗系统的结构及部件名称

(1) 根据防盗系统图 3-1-2 标注各部位名称。

任务三 速腾防盗报警故障诊断与排除

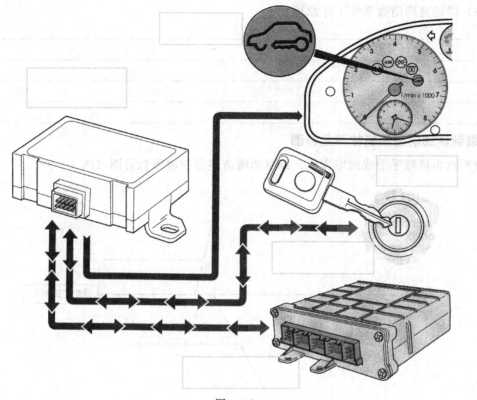

图 3-1-2

（2）完成速腾防盗系统工作原理（表 3-1-3）。

表 3-1-3

第1阶段

步骤	防盗器控制单元	传送	钥匙的发射机应答器
1	打开点火开关		
2		→	能量
3	如固定密码正确则给予准许指令	←	

以上过程属于普通的固定密码发射机应答器　　　　　　　　　　　　第2阶段

4		变换式密码	
5	按固定的公式进行计算		
6		← 钥匙发射应答器的计算结果 ←	
7	如果 控制单元的计算结果 = 钥匙 发射应答器的计算结果		
		（发动机控制单元）	

（3）描述速腾防盗系统工作原理。

_____
_____
_____
_____

五、编制速腾防盗报警故障鱼骨图

查阅汽车维修手册或网络资源，编制速腾防盗报警故障鱼骨图（图 3-1-3）。

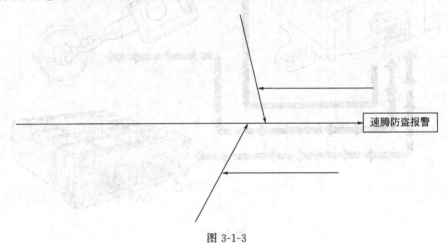

图 3-1-3

六、评价表

请根据表 3-1-4 要求对本活动中的工作和学习情况进行打分。

表 3-1-4

评分项目			配分/分	评分细则	自评得分	小组评价	教师评价
素养(20分)	纪律情况(5分)	不迟到、早退	1	违反一次不得分			
		积极思考回答问题	2	根据上课统计情况得1~2分			
		三有一无(有本、笔、书,无手机)	2	不符合要求不得分			
		执行教师命令	0	此为否定项,违规酌情扣10~100分,违反校规按校规处理			
	职业道德(5分)	能与他人合作	3	不符合要求不得分			
		追求完美	2	对工作精益求精(能提出改进建议)且效果明显得2分			
	5S(5分)	场地、设备整洁干净	2	使用的工位、设备整洁无杂物,得2分;不合格不得分			
		零部件、工具摆放	2	整齐规范得2分;不合格不得分			
		服装整洁,不佩戴饰物	1	全部合格得1分			
	综合能力(5分)	阅读理解能力	5	2min内正确描述任务名称及要求得5分;超时或表达不完整得3分;其余不得分			
		创新能力(加分项)	5	新渠道正确查阅资料、优化基本检查顺序等,视情况得1~5分			
核心技术(60分)	防盗系统故障的任务分析(25分)	任务分析	2	完整得2分;漏一项扣1分			
		案例分析	3	分析正确得3分;错一项扣1分			
		确认故障现象	3	全部正确得3分;错一项扣1分			
		正确分析防盗系统组成及作用	10	清晰准确得10分;错一项扣2分			
		资料使用	2	正确查阅维修手册得2分;错误不得分			
		时间要求	2	120min内完成得2分;每超过3min扣1分			
		质量要求	3	作业项目完整正确每项1分;错项漏项一项扣2分			
		安全要求	0	违反一项不得分			
	编制鱼骨图(35分)	故障点齐全(8个点)	24	全部正确得24分;错一项扣3分			
		层次结构正确	6	全部正确得6分;错一项扣2分			
		时间要求	5	35分钟内完成得5分;超时2min扣1分			
		提炼增项(加分项)	5	项目分类、顺序有创新,视情况得1~5分			

续表

评分项目			配分/分	评分细则	自评得分	小组评价	教师评价
工作页完成情况（20分）	按时完成工作页	按时提交	5	按时提交得5分；迟交不得分			
		内容完成程度	5	按情况分别得1~5分			
		回答准确率	5	视情况分别得1~5分			
		字迹书面整洁	5	视情况分别得1~5分			
总分							
综合得分（自评20%，小组评价30%，教师50%）							
教师评价签字：				组长签字：			
请根据以上打分情况，对本活动当中的工作和学习状态进行总体评述（从素养的自我提升方面、职业能力的提升方面进行评述，分析自己的不足之处，描述对不足之处的改进措施）。							
教师指导意见：							

学习活动二：制订方案

建议学时：8学时

学习要求：能够描述速腾防盗系统各组成部件的工作原理，正确选用工具和材料，并最终编制维修方案。具体工作步骤及要求见表 3-2-1。

表 3-2-1

序号	工作步骤	要　　求	时间	备注
1	描述速腾防盗各组成部分作用及工作原理	能够正确简述读写线圈、钥匙（送码器）、组合仪表（集成防盗控制单元、防盗指示灯、发动机控制单元等各组成部分的作用及各部件之间的相互关系	4学时	
2	编制维修检查步骤	在 45min 内完成，检查步骤符合项目分类，实现操作方便维修时间缩短	1.5学时	
3	选用工具和材料	工具、材料清单完整，型号符合速腾车型和客户需求	0.5学时	
4	制订维修方案	任务描述清晰，检验标准符合厂家要求，工量具材料、维修内容和要求与流程表及维修手册对应	2学时	

一、速腾防盗系统各部件组成及工作原理

将速腾防盗系统部件安装位置及作用填入表3-2-2。

表 3-2-2

部件名称	安装位置	作 用
防盗器控制单元 J362		
报警灯		
读写线圈（天线）		
钥匙（送码器）		
发动机控制单元	发动机控制单元是防盗制动系统的一部分，必须做自适应	

二、描述速腾防盗系统各部件的工作原理

1. 描述固定码传输过程（表 3-2-3）

表 3-2-3

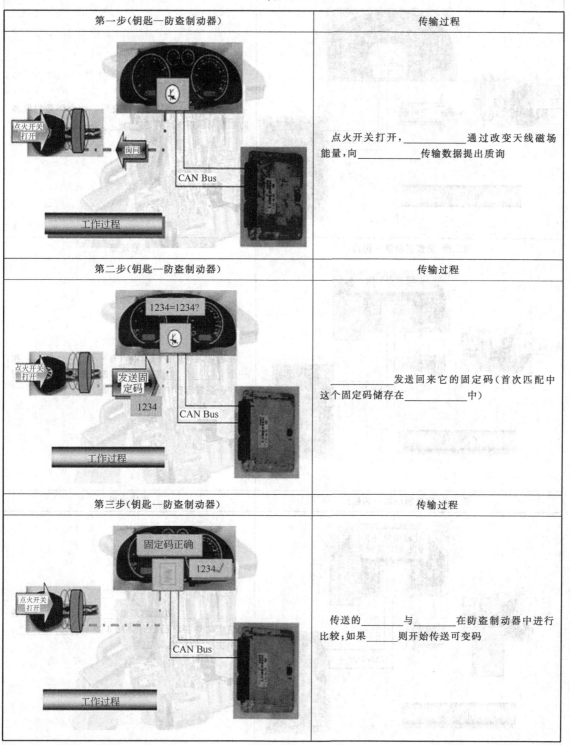

第一步（钥匙—防盗制动器）	传输过程
	点火开关打开，＿＿＿＿＿＿通过改变天线磁场能量，向＿＿＿＿＿＿传输数据提出质询
第二步（钥匙—防盗制动器）	传输过程
	＿＿＿＿＿＿发送回来它的固定码（首次匹配中这个固定码储存在＿＿＿＿＿＿中）
第三步（钥匙—防盗制动器）	传输过程
	传送的＿＿＿＿＿＿与＿＿＿＿＿＿在防盗制动器中进行比较；如果＿＿＿＿＿＿则开始传送可变码

2. 描述可变码传输过程（表 3-2-4）

表 3-2-4

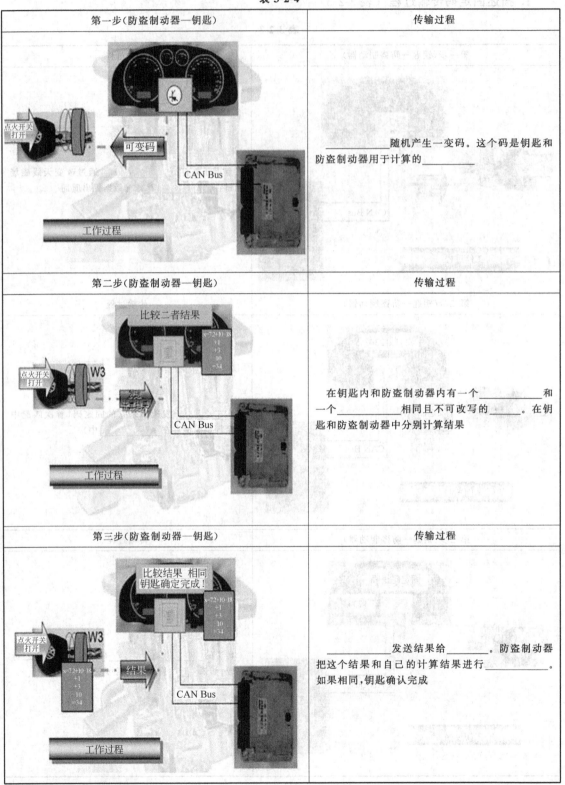

3. 描述可变码传输过程（表 3-2-5）

表 3-2-5

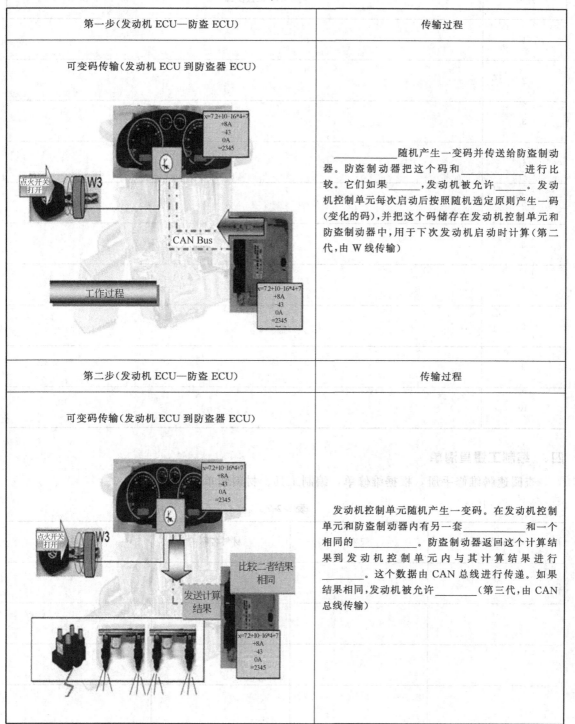

三、编制检查步骤

查阅速腾维修手册或网络资源，编制防盗报警维修检查步骤，填入表 3-2-6。

表 3-2-6

序号	检查步骤
1	
2	
3	
4	
5	
6	
7	
8	
9	
10	

四、编制工量具清单

查阅速腾维修手册,根据维修单,编制工具、材料清单,填入表 3-2-7。

表 3-2-7

工具名称	规格	材料名称	规格

五、编制维修方案

根据表 3-2-8,编制维修方案。

表 3-2-8

方案名称 _____

1. 任务目标及依据
（填写说明：概括说明本次任务要达到的目标及相关文件和技术资料）

2. 工作内容安排
（填写说明：列出工作流程、工作要求、工量具材料、人员及时间安排等）

工作流程	工作要求	工量具材料	人员安排	时间安排

3. 验收标准
（填写说明：本项目最终的验收相关项目的标准）

4. 有关安全注意事项及防护措施等
（填写说明：对防盗系统检查的安全注意事项及防护措施，废弃物处理等进行具体说明）

六、评价表

请根据表 3-2-9 要求对本活动中的工作和学习情况进行打分。

表 3-2-9

评分项目			配分/分	评分细则	自评得分	小组评价	教师评价
素养(20分)	纪律情况(5分)	不迟到、早退	1	违反一次不得分			
		积极思考回答问题	2	根据上课统计情况得1~2分			
		三有一无(有本、笔、书,无手机)	2	不符合要求不得分			
		执行教师命令	0	此为否定项,违规酌情扣10~100分,违反校规按校规处理			
	职业道德(5分)	能与他人合作	3	不符合要求不得分			
		追求完美	2	对工作精益求精(能提出改进建议)且效果明显得2分			
	5S(5分)	场地、设备整洁干净	2	使用的工位、设备整洁无杂物,得2分;不合格不得分			
		零部件、工具摆放	2	整齐规范得2分;不合格不得分			
		服装整洁,不佩戴饰物	1	全部合格得1分			
	综合能力(5分)	阅读理解能力	5	2min内正确描述任务名称及要求得5分;超时或表达不完整得3分;其余不得分			
		创新能力(加分项)	5	新渠道正确查阅资料、优化基本检查顺序等,视情况得1~5分			
核心技术(60分)	防盗系统各部件作用及工作原理分析(13分)	钥匙的作用及工作原理分析	4	分析正确得4分;漏一项扣2分			
		读写线圈的作用及工作原理分析	3	分析正确得3分;错一项扣1分			
		发动机ECU在防盗系统中的作用	4	分析正确得4分;错一项扣1分			
		防盗制动器的作用及工作原理分析	2	分析正确得2分;错一项扣1分			
	防盗系统工作原理分析(9分)	固定码传输分析分析	3	分析正确得3分;错一步扣1分			
		可变码传输分析(钥匙—防盗制动器)	3	分析正确得3分;错一项扣1分			
		可变码分析(防盗ECU—发动机ECU)	3	分析正确得3分;错一项扣1分			
	编制检查步骤(4分)	资料使用	2	正确查阅维修手册得2分;错误不得分			
		项目完整	1	完整得1分;错项漏项一项扣1分			
		提炼增项	1	正确得2分			
	编制工具清单(4分)	工量具选用和使用	1	全部正确得1分;错一项扣1分			
		时间要求	1	15min内完成得1分;每超过3min扣1分			
		质量要求	1	作业项目完整正确得1分			
		安全要求	1	违反一项基本检查不得分			

续表

评分项目			配分/分	评分细则	自评得分	小组评价	教师评价
核心技术（60分）	编制维修方案（30分）	编制依据	3	编制依据正确得3分；错一项扣1分			
		工作流程	10	流程合理可行，逻辑清晰，内容完整得10分；错项漏项扣1分			
		工作要求	8	内容完整，要求项目正确可靠得8分；错项扣1分			
		人员安排	3	安排正确合理得3分；错误扣1分			
		时间安排	3	安排正确合理得3分；错误扣1分			
		验收标准	3	标准正确合理，齐全得3分；错项漏项扣1分			
工作页完成情况（20分）	按时完成工作页	按时提交	5	按时提交得5分；迟交不得分			
		内容完成程度	5	按情况分别得1~5分			
		回答准确率	5	视情况分别得1~5分			
		字迹书面整洁	5	视情况分别得1~5分			
总分							
综合得分（自评20%，小组评价30%，教师50%）							

教师评价签字： 　　　　　　　　　　　　　组长签字：

请根据以上打分情况，对本活动当中的工作和学习状态进行总体评述（从素养的自我提升方面、职业能力的提升方面进行评述，分析自己的不足之处，描述对不足之处的改进措施）。

教师指导意见：

学习活动三：实施维修

建议学时：12学时

学习要求：通过该活动，能够完成防盗系统部件的更换，具体工作步骤及要求见表3-3-1。

表 3-3-1

序号	工作步骤	要　　求	时间	备注
1	更换组合仪表并匹配	按照维修手册要求，正确完成防盗系统各部件的更换和匹配	4学时	
2	更换识读线圈，匹配钥匙	按照维修手册要求，正确完成识读线圈的更换及钥匙的匹配	4学时	
3	更换发动机控制单元	按照维修手册要求，正确完成发动机控制单元的自适应	2学时	
4	防盗系统自诊断	按照维修手册要求，正确完成防盗系统的自诊断	2学时	

任务三 速腾防盗报警故障诊断与排除

一、检查准备工作

1. 实习场地 5S 检查

2. 工具、量具准备

3. 安全注意事项

二、更换组合仪表并填写记录单

1. 更换组合仪表(表 3-3-2)

表 3-3-2

组合仪表图	组合仪表内安装的控制单元
	防盗锁止控制系统 J362;防盗锁止控制单元 J362 集成在组合仪表内,如果控制单元损坏,就必须更换整个组合仪表
更换方法	**注意事项**
拆卸过程:_____ 装配过程:_____	

2. 组合仪表匹配(适用于第三代 7 位 PIN 码防盗器)(表 3-3-3)

表 3-3-3

图片	匹配方法	
	操作步骤记录	注意事项

任务三 速腾防盗报警故障诊断与排除

续表

图片	匹配方法	
	操作步骤记录	注意事项
引导性功能 车辆识别 保存发动机代码 BWH 1.6L Simos/75kW BYJ 1.8L Motronic/118kW CFBA 1.4L Motronic/96kW		
18 - 附加/辅助加热器 - J364 61 - 蓄电池控制 25 - 防起动锁 25 - 防起动锁 55 - 大灯照明距离调节装置 - J745 16 - 转向柱电子设备控制单元 J527 16 - 转向柱电子设备控制单元 J527 56 - 无线电RCD 210 56 - 无线电RCD 310 56 - 无线电RCD 510 17 - 仪表板 - J285 37 - 无线电导航系统RNS 310 37 - 无线电导航系统RNS 510 37 - 无线电和导航系统RNS 315 - J794		
17 - 仪表板 - J285 17 - 识别（维修分组号90） 17 - 编码（维修分组号90） 17 - 读取测量值（维修分组号90） 17 - 输出诊断测试模式（维修分组号90） 17 - 重新设置保养周期显示（维修分组号90） 17 - 对维护周期延长进行编码（维修分组号90） 17 - 对保养周期进行匹配（维修分组号90） 17 - 对燃油存量表进行匹配（维修分组号90） 17 - 更换组合仪表（维修分组号90） 17 - 对语言选项进行匹配（维修分组号90） 17 - 对耗油量显示进行匹配（维修分组号90）		
J285 - 更换仪表板 一般说明 通过这个程序执行了以下步骤： ◆ 匹配组合仪表 提示： ◆ 详细信息可通过按钮功能描述调出 - 现在按压结束按钮。		

三、更换识读线圈

1. 识读线圈拆装与更换（表 3-3-4）

表 3-3-4

识读线圈实物图	拆卸识读线圈的更换方法	
	拆装步骤	注意事项
	拆卸过程：	
	装配过程：	

2. 匹配钥匙（表 3-3-5，防盗制动器识别/写入 SKC 和记录钥匙 ID 的过程）

表 3-3-5

图片	匹配方法	
	步骤	注意事项

任务三 速腾防盗报警故障诊断与排除

续表

图片	匹配方法	
	步骤	注意事项
引导性功能 车辆识别 选择车型 15 - New Bora 2008> 16 - NCS 2012> 1K - Sagitar 2006> 2K - Caddy 2006> 35 - CC 2009> 36 - Magotan B7L 2011> 3C - Magotan 2006> 5K - Golf 2009> BS - New Jetta 2013> 其他车型		
引导性功能 车辆识别 选择年款 2006(6) 2007(7) 2008(8) 2009(9) 2010(A) 2011(B)		
引导性功能 FAW VW 功能 1K - Sagi 2011(B) 引导性功能选择 豪华轿车 CFBA 1.4L 36 - 驾驶员侧座椅调节装置 08 - 半自动空调 08 - 全自动空调 55 - 大灯照明距离自动调节装置 55 - 动态转向灯大灯照明距离自动调节装置 19 - 数据总线诊断接口 16 - 方向盘电子装置 17 - 组合仪表 09 - 车载电源控制单元 56 - 收音机系统 77 - 车载电话适配装置 37 - 收音机导航系统 25 - 防盗锁止系统3 25 - 防盗锁止系统3,4 25 - 防盗锁止系统4 软件版本管理		

四、更换发动机控制单元后的自适应

将相关步骤及注意事项填入表 3-3-6。

表 3-3-6

图片	匹配方法	
	步骤	注意事项

五、操作评价表

根据表 3-3-7 进行操作评价。

表 3-3-7

序号	环节	评价点	配分	教师评价
1	钥匙检查、更换、匹配（20分）	钥匙的检查(5分)	检查正确得5分；错一项扣1分	
		钥匙的更换(5分)	更换正确得5分；错一项扣1分	
		钥匙的匹配(10分)	匹配正确得10分；错一项扣2分	
2	组合仪表检查与匹配（30分）	组合仪表检查(5分)	检查正确得5分；错一项扣2分	
		防盗控制单元检查(10分)	检查正确得10分；错一项扣2分	
		组合仪表的匹配(15分)	匹配正确得15分；错一项扣2分	
3	读写线圈检查与更换（15分）	读写线圈检查(10分)	检查正确得10分；错一项扣2分	
		读写线圈的更换(5分)	更换正确得5分；错一项扣1分	
		其他检查(2分)创新点(加分项)	有其他检查得2分；没有不加分	
4	发动机控制单元的检查、更换与匹配（35分）	发动机控制单元的检查与更换(15分)	检查正确得15分；错一项扣2分	
		发动机控制单元的匹配(20分)	匹配正确得20分；错一项扣2分	

（共 100 分，占评价表的 45%）

六、评价表

请根据表 3-3-8 要求对本活动中的工作和学习情况进行打分。

表 3-3-8

评分项目			配分/分	评分细则	自评得分	小组评价	教师评价
素养(20分)	纪律情况(5分)	不迟到、早退	1	违反一次不得分			
		积极思考回答问题	2	根据上课统计情况得1~2分			
		三有一无(有本、笔、书,无手机)	2	不符合要求不得分			
		执行教师命令	0	此为否定项,违规酌情扣10~100分,违反校规按校规处理			
	职业道德(5分)	能与他人合作	3	不符合要求不得分			
		追求完美	2	对工作精益求精(能提出改进建议)且效果明显得2分			
	5S(5分)	场地、设备整洁干净	2	使用的工位、设备整洁无杂物,得2分;不合格不得分			
		零部件、工具摆放	2	整齐规范得2分,不合格不得分			
		服装整洁,不佩戴饰物	1	全部合格得1分			
	综合能力(5分)	阅读理解能力	5	2min内正确描述任务名称及要求得5分;超时或表达不完整得3分;其余不得分			
		创新能力(加分项)	5	新渠道正确查阅资料、优化基本检查顺序等,视情况得1~5分			
核心技术(60分)	防盗系统各部件的检修(45分)	详见操作评价表3-3-7					
	工具选用(15分)	工量具选用	5	全部正确得5分;错一项扣1分			
		使用方法	5	使用方法正确得5分;错一项扣1分			
		安全要求	5	违反一项基本检查不得分			
工作页完成情况(20分)	按时完成工作页	按时提交	5	按时提交得5分;迟交不得分			
		内容完成程度	5	按情况分别得1~5分			
		回答准确率	5	视情况分别得1~5分			
		字迹书面整洁	5	视情况分别得1~5分			
总分							
综合得分(自评20%,小组评价30%,教师50%)							
教师评价签字:				组长签字:			
请根据以上打分情况,对本活动当中的工作和学习状态进行总体评述(从素养的自我提升方面、职业能力的提升方面进行评述,分析自己的不足之处,描述对不足之处的改进措施)。							
教师指导意见:							

学习活动四：竣工检验

建议学时：4学时

学习要求：通过该活动，能够完成车辆竣工检验，并编制填写竣工检验报告。具体工作步骤及要求见表 3-4-1。

表 3-4-1

序号	工作步骤	要　　求	时间	备注
1	防盗系统拆装部位检验	按照维修手册的要求检查各部件的安装和螺栓的扭矩	1学时	
2	编制、填写竣工检验单	能够独立编制、填写竣工检验单给出合理的使用保养建议	2学时	
3	打扫场地卫生，合理处理废弃物	打扫场地卫生，擦拭使用工具、量具、检测仪器，合理处理废弃物	1学时	

汽车电器一般故障诊断与排除工作页

一、查询防盗系统检验标准

查阅 GB 7258—2012《机动车运行安全技术条件》防盗系统竣工检验标准。

_____

_____

_____

_____

_____

_____

_____

二、防盗系统自诊断

通过功能引导及图片提示完成防盗系统的自诊断,读取整个数据块,填入表 3-4-2。

表 3-4-2

通过 VAS50552A 诊断功能性引导完成自诊断		故障码查询			
操作步骤	注意事项	故障码	故障内容	能否清除	长期或偶发

三、填写竣工检验单

一汽-大众　　销售服务有限公司　交车单

服　务　电　话：

检查项目	交车检查（是否与接车状态时相同）		备注（如与接车状态不同，请注明原因）	检查项目	交车检查		备注（如检查内容不合格，请注明原因）
	是	否			是	否	
车钥匙及应急钥匙	□	□		客户陈述及要求已完全处理	□	□	
内饰	□	□		维修项目已全部完成	□	□	
仪表灯显示	□	□		客户车辆主要设置恢复原状	□	□	
雨刮功能	□	□		实际费用与预估基本一致	□	□	
天窗	□	□		实际时间与预估基本一致	□	□	
音响	□	□		洗车质量符合标准要求	□	□	
空调	□	□		旧件已按客户要求处理	□	□	
点烟器	□	□		告知客户回访时间和方式	□	□	
座椅及安全带	□	□		提醒下次保养里程/时间	□	□	
后视镜	□	□		推荐预约并告知预约电话	□	□	
玻璃升降	□	□		提醒24小时服务热线	□	□	
天线	□	□		实际交车时间	时　　　分		
备胎	□	□					
随车工具	□	□					

整体评价	客户整体评价（请帮忙在下述相应表格中打"√"）				
	非常清意！□	清意！□	一般 □	不清意！□	非常不清意 □

严谨始型天众
一汽-大众品牌

四、成本核算

请小组讨论，回顾整个任务的工作过程，列出所使用的耗材，并参考库房管理员提供的价格清单，对此次任务的单个样品使用耗材进行成本核算，填入表3-4-3。

表 3-4-3

序号	部件名称	规格	数量	单价/元	合计
1					
2					
3					
4					
5					
6					
7					
8					
9					
10					
11					
12					
合　计					

五、使用与保养建议

（1）向客户进行说明防盗系统在日常保养中的注意事项。

_____

_____

（2）维修该项目后，保修期是多少？是否有相关依据？

_____

_____

（3）想一想：在维修过程中哪些方面能够做到资源的节省与环保？

_____

_____

六、评价表

请根据表 3-4-4 要求对本活动中的工作和学习情况进行打分。

表 3-4-4

评分项目			配分/分	评分细则	自评得分	小组评价	教师评价
素养(20分)	纪律情况(5分)	不迟到、早退	1	违反一次不得分			
		积极思考回答问题	2	根据上课统计情况得1~2分			
		三有一无(有本、笔、书,无手机)	2	不符合要求不得分			
		执行教师命令	0	此为否定项,违规酌情扣10~100分,违反校规按校规处理			
	职业道德(5分)	能与他人合作	3	不符合要求不得分			
		追求完美	2	对工作精益求精且效果明显得2分			
	5S(5分)	场地、设备整洁干净	2	使用的工位、设备整洁无杂物,得2分;不合格不得分			
		零部件、工具摆放	2	整齐规范得2分;不合格不得分			
		服装整洁,不佩戴饰物	1	全部合格得1分			
	综合能力(5分)	阅读理解能力	5	2min内正确描述任务名称及要求得5分;超时或表达不完整得3分;其余不得分			
		创新能力(加分项)	5	新渠道正确查阅资料、优化基本检查顺序等,视情况得1~5分			
核心技术(60分)	车辆基本检查(20分)	工量具选用和使用	5	全部正确得5分;错一项扣1分			
		时间要求	5	15min内完成得5分;每超过2min扣1分			
		质量要求	10	作业项目完整正确得10分;错项漏项一项扣2分			
		安全要求	0	违反该项不得分			
	检测与分析(25分)	检测项目完整	5	完整得5分;漏一项扣1分			
		方法总结	5	全部正确得5分;错一项扣1分			
		原因分析	10	全部正确得10分;错一项扣2分			
		检测项目结果	5	清晰准确得5分;其他不得分			
	编制竣工检验单(15分)	资料使用	5	正确查阅维修手册得5分;错误不得分			
		项目完整	5	完整得5分;错项漏项一项扣1分			
		提炼增项	5	正确得5分;错一项扣1分			

续表

评分项目			配分/分	评分细则	自评得分	小组评价	教师评价
工作页完成情况（20分）	按时完成工作页	按时提交	5	按时提交得5分；迟交不得分			
		内容完成程度	5	按情况分别得1～5分			
		回答准确率	5	视情况分别得1～5分			
		字迹书面整洁	5	视情况分别得1～5分			
总分							
综合得分（自评20%，小组评价30%，教师50%）							

教师评价签字： 组长签字：

请根据以上打分情况，对本活动当中的工作和学习状态进行总体评述（从素养的自我提升方面、职业能力的提升方面进行评述，分析自己的不足之处，描述对不足之处的改进措施）。

教师指导意见：

学习活动五：总结拓展

建议学时：4学时

学习要求：通过本活动总结本项目的作业规范和核心技术并通过同类项目练习进行强化。具体工作步骤及要求见表 3-5-1。

表 3-5-1

序号	工作步骤	要　　求	时间	备注
1	撰写技术总结报告	正确分析故障原因及故障排除方法，提出合理的保养方案	2学时	
2	同类任务拓展练习	按各活动学习活动流程和标准要求完成类似任务	2学时	

一、撰写技术总结

要求：(1) 字数 1000 字以上；

(2) 语言表达清晰逻辑性强；

(3) 能根据自身的学习过程突出个人收获与感想。

班级　　　　姓名　　　　　　　日期　年　月　日

工作任务名称_____

1. 故障现象描述

2. 故障原因分析

3. 故障排除方法

4. 总结

5. 保养维护建议

教师评语

_____

_____

_____

二、总结拓展

1. 根据图 3-5-1 总结描述大众迈腾 1.8L 第四代防盗系统的组成和作用（表 3-5-2）

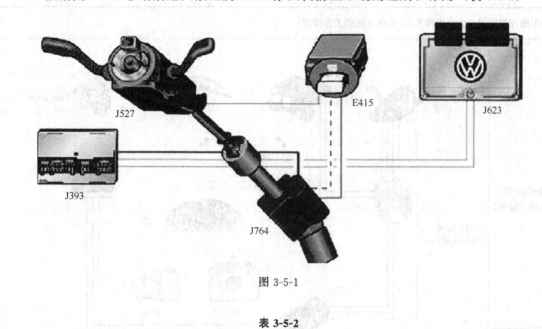

图 3-5-1

表 3-5-2

标识	名称	作 用
J527		
E415		
J632		
J393		
J764		

2. 描述大众迈腾 1.8L 防盗系统的工作原理（表 3-5-3）

表 3-5-3

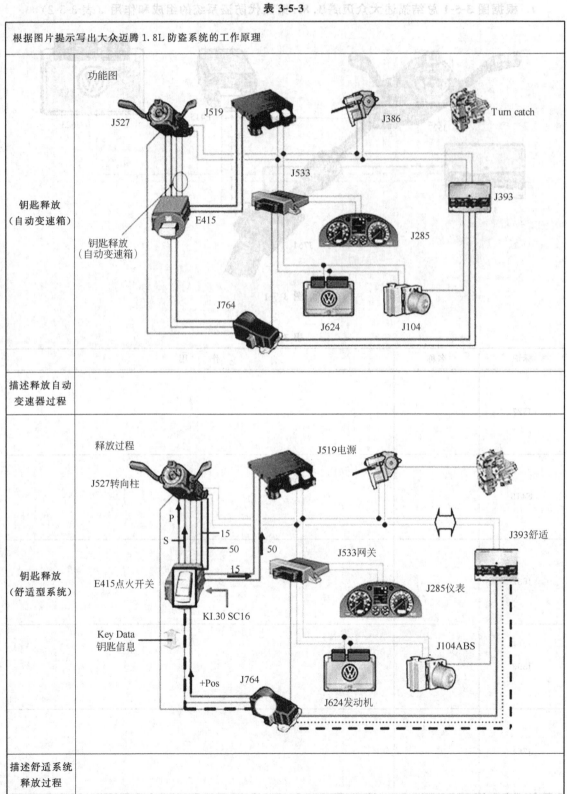

任务三 速腾防盗报警故障诊断与排除

续表

写出大众迈腾1.8L防盗系统的工作原理	
锁止过程	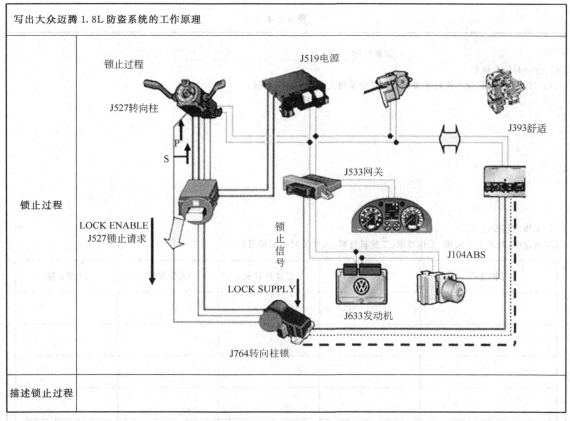
描述锁止过程	

3. 画出大众迈腾1.8L轿车防盗系统报警原因的鱼骨图（图3-5-2）

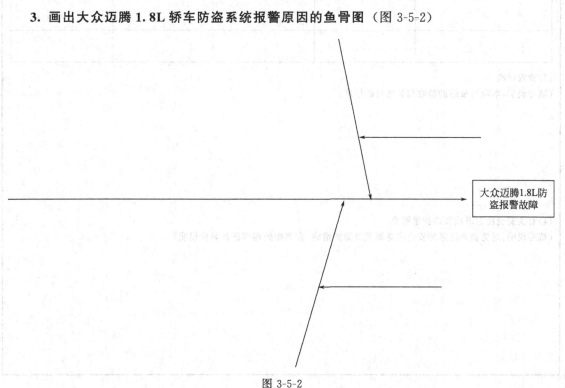

图3-5-2

4. 编制迈腾1.8L轿车防盗系统报警故障排除方案（表3-5-4）

表3-5-4

方案名称_____

(1)任务目标及依据
(填写说明：概括说明本次任务要达到的目标及相关文件和技术资料)

(2)工作内容安排
(填写说明：列出工作流程、工作要求、工量具材料、人员及时间安排等)

工作流程	工作要求	工量具材料	人员安排	时间安排

(3)验收标准
(填写说明：本项目最终的验收相关项目的标准)

(4)有关安全注意事项及防护措施等
(填写说明：对防盗系统系的安全注意事项及防护措施、废弃物处理等进行具体说明)

三、评价表

请根据表 3-5-5 要求对本活动中的工作和学习情况进行打分。

表 3-5-5

项次	项目要求		配分/分	评分细则	自评得分	小组评价	教师评价
素养(20分)	纪律情况(5分)	不迟到、早退	1	违反一次不得分			
		积极思考回答问题	2	根据上课统计情况得1~2分			
		三有一无(有本、笔、书,无手机)	2	不符合要求不得分			
		执行教师命令	0	此为否定项,违规酌情扣10~100分,违反校规按校规处理			
	职业道德(5分)	能与他人合作	3	不符合要求不得分			
		追求完美	2	对工作精益求精且效果明显得2分			
	5S(5分)	场地、设备整洁干净	2	使用的工位、设备整洁无杂物,得2分;不合格不得分			
		零部件、工具摆放	2	整齐规范得2分;不合格不得分			
		服装整洁,不佩戴饰物	1	全部合格得1分			
	综合能力(5分)	阅读理解能力	5	2min内正确描述任务名称及要求得5分;超时或表达不完整得3分;其余不得分			
		创新能力(加分项)	5	新渠道正确查阅资料、优化基本检查顺序等,视情况得1~5分			
职业能力(60分)	技术总结(20分)	能完成技术总结	10	能够按时(40min)完成技术总结得10分;超过3min扣2分			
		技术总结条理清楚、分析合理	5	完整得5分;错项漏项一项扣2分			
		资料使用	5	正确查阅维修手册得5分;错误不得分			
		提炼增项(加分项)	5	有增加项目得5分;没有增加项目不得分			
	使用建议(5分)	建议价值	5	按照建议的价值得1~5分			
	迈腾1.8L防盗报警故障排除方案(35分)	资料使用	3	正确查阅维修手册得3分;错误不得分			
		检修项目完整	5	完整得5分;错项漏项一项扣1分			
		流程	15	流程正确得15分;错一项扣1分			
		标准	5	标准查阅正确完整得3分;错项漏项一项扣1分			
		工具、材料	5	完整正确得5分;错项漏项一项扣1分			
		安全注意事项及防护	2	完整正确,措施有效得2分;错项漏项一项扣1分			

续表

项次	项目要求		配分/分	评分细则	自评得分	小组评价	教师评价
工作页完成情况（20分）	按时完成工作页	及时提交	5	按时提交得5分；迟交不得分			
		内容完成程度	5	按完成情况分别得1~5分			
		回答准确率	5	视准确率情况分别得1~5分			
		独立完成	5	能独立程度分别得1~5分			
		总分					
		加权平均（自评20%，小组评价30%，教师50%）					

教师评价签字：　　　　　　　　　　　　　　　组长签字：

请根据以上打分情况，对本活动当中的工作和学习状态进行总体评述（从素养的自我提升方面、职业能力的提升方面进行评述，分析自己的不足之处，描述对不足之处的改进措施）。

教师指导意见：

四、项目总体评价

根据表3-5-6进行项目总体评价。

表 3-5-6

项次	项目内容	权重	综合得分（各活动加权平均分乘以权重）	备注
1	明确任务	10%		
2	制订方案	25%		
3	实施维修	30%		
4	检验交付	20%		
5	总结拓展	15%		
6	合计			
7	本项目合格与否		教师签字：	

请根据以上打分情况，对本项目当中的工作和学习状态进行总体评述（从素养的自我提升方面、职业能力的提升方面进行评述，分析自己的不足之处，描述对不足之处的改进措施）。

教师指导意见：

任务四
迈腾随动转向大灯失效故障诊断与排除

一、工作情境描述

林先生驾驶迈腾轿车（发动机1.8TSI）在夜晚行驶时，发现前照灯的随动转向功能失效。随后将车辆送到4S店维修，经服务顾问检查试车后，确认随动转向大灯故障，报工时费400元，材料费在检测、拆解完毕后请客户签字确认。请4小时之内在车间完成故障排除，通过该学习任务，提出合理的维修方案，并核算成本给予客户解释，在交车时针对此故障现象提供合理的使用和保养建议。

工作过程确保安全并符合5S规范，大修后车辆符合GB 7258—2012《机动车运行安全技术条件》和《迈腾汽车维修手册技术要求》。

二、学习活动及学时分配表

活动序号	学习活动	学时安排	备注
1	任务分析及检查	4学时	
2	制订方案	8学时	
3	实施维修	12学时	
4	竣工检验	4学时	
5	总结拓展	4学时	

学习活动一：任务分析及检查

建议学时：4学时

学习要求：明确"迈腾车随动转向大灯失效故障"任务的工作要求，能够确定并分析故障现象，掌握迈腾随动转向大灯的组成及作用，并编制迈腾随动转向大灯失效故障排除鱼骨图。具体工作步骤及要求见表 4-1-1。

表 4-1-1

序号	工作步骤	要求	时间	备注
1	识读任务书，确定故障现象	能快速准确明确任务要求并确定故障现象，在教师要求的时间内完成	1学时	
2	描述随动转向大灯系统组成与作用	能够简述随动转向大灯系统的组成与作用，能够掌握随动转向大灯系统各部件安装位置	2学时	
3	编制迈腾随动转向大灯故障排除鱼骨图	根据随动转向大灯系统的组成和作用分析故障原因编制鱼骨图	1学时	

任务四 迈腾随动转向大灯失效故障诊断与排除

一、接受工作任务

请根据工作情境描述填写接车单。

一汽大众____销售服务有限公司 接车单

基本信息及需求确认	车牌号：		车型：		接车时间：___日___时___分
	客户姓名：		客户联系电话：		服务电话：
	客户陈述及要求：				方便联系时间：
					是否预约　　　　是□　否□
					是否需要预检　　是□　否□
					是否需要路试　　是□　否□
					是否贵重物品提醒　是□　否□
					是否洗车　　　　是□　否□
					是否保留旧件　　是□　否□
	服务顾问建议：（包括客户描述及经销商检测结果）				
	预估维修项目			备注	预估费用：工时费___元　材料费___元　合计：___元
					预估交车时间：___月___日___时
	注意！因车辆维修需要，有可能涉及路试，如在路试中发生交通事故，按保险公司对交通事故处理方法处理！				
					接车里程精确到个位数：___公里
					油表确认：
					外观确认：（含轮胎、轮毂（盖）、玻璃等，如有问题，画圆圈标准在车辆相应位置。
接车检查	检查项目		接车确认		
	车钥匙及应急钥匙		正常□　异常□		
	内饰		正常□　异常□		
	仪表灯显示		正常□　异常□		
	雨刮功能		正常□　异常□		
	天窗		正常□　异常□		
	音响		正常□　异常□		
	空调		正常□　异常□		
	点烟器		正常□　异常□		
	座椅及安全带		正常□　异常□		
	后视镜		正常□　异常□		
	玻璃升降		正常□　异常□		
	天线		正常□　异常□		
	备胎		正常□　异常□		
	随车工具		正常□　异常□		
	服务顾问签字：				客户签字：

二、确认故障现象

（1）描述表 4-1-2 中随动转向大灯故障状态，选出与故障车辆一致的图片，并在图片上打"√"。

表 4-1-2

左侧静态转向辅助	故障状态描述	右侧静态转向辅助	故障状态描述
左侧动态转向辅助	故障状态描述	右侧动态转向辅助	故障状态描述

（2）描述实习车辆故障现象。

_____

_____

_____

_____

三、分析故障案例

请根据工作情境描述故障现象，查阅汽车维修手册或网络资源对案例进行分析（表 4-1-3）。

表 4-1-3

车型	迈腾	故障现象	迈腾随动转向大灯失效
故障原因			
维修方法			

四、描述迈腾随动转向大灯系统的作用（图 4-1-1）

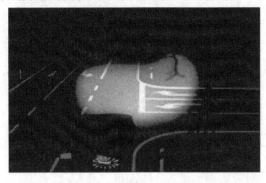

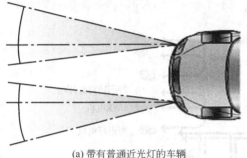
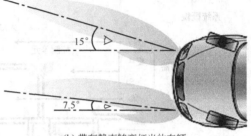

(a) 带有普通近光灯的车辆　　　　　　　(b) 带有静态转弯灯光的车辆

图 4-1-1

（1）迈腾大灯随动转向分_____灯光和_____灯光，提高了转弯时的_____提高了_____。

（2）静态转弯灯是在传统近光灯的基础上又额外附加了_____用于在车辆转弯时照亮_____，可以帮助驾驶员提早发现车道上的车辆或障碍物，有助于安全驾驶。在窄路转弯，当_____时静态转弯灯亮。

（3）动态转弯灯光系统通过集成在大灯上的_____水平调节近光灯的角度，旋转角度范围：外侧最大约为_____度，内侧最大约为_____度。转弯时内侧灯光的水平旋转角度是外侧灯光的_____倍。这样，转弯时不同的旋转角度可以提供更好的照明。_____时可转动近光灯和远光灯（动态转弯灯光）。

五、描述随动转向大灯系统的组成及工作原理

1. 标注图 4-1-2 中随动转向大灯各部位的名称

2. 根据图 4-1-3 描述随动转向大灯系统的组成安装位置（表 4-1-4）

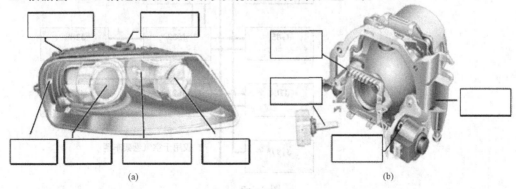

(a)　　　　　　　　　　　　　　(b)

图 4-1-2

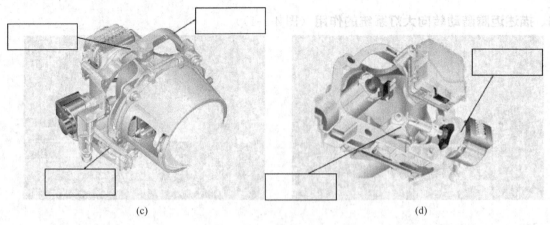

(c)　　　　　　　　　　　　　(d)

图 4-1-2

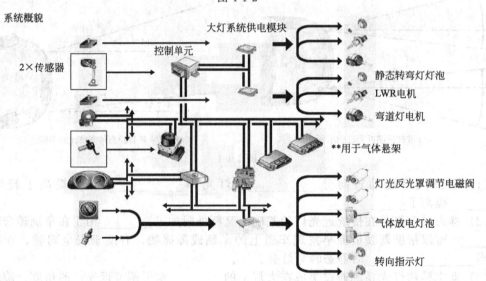

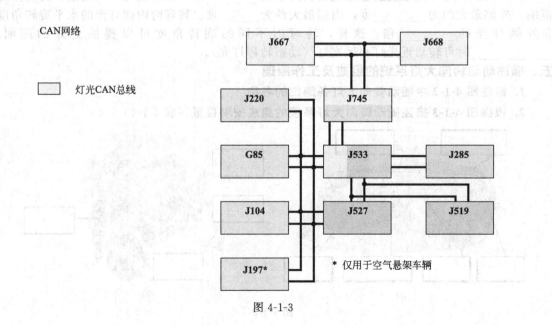

图 4-1-3

任务四 迈腾随动转向大灯失效故障诊断与排除

表 4-1-4

序号	组 成	安装位置
1	J533 J533 网关控制单元	
2	J285 仪表控制单元	
3	J104 ABS 控制单元	
4	J527 转向柱控制单元	
5	J519 中央电器控制单元	
6	G85 转向角度传感器	

155

续表

序号	组 成	安装位置
7	J220 发动机控制单元	
8 9	J667、J668 左右侧大灯电源模块	
10 11	J343、J344 左右侧大灯控制单元	

续表

序号	组 成	安装位置
12	M51 左侧静态转向照明灯芯 （氙灯控制单元、边灯、氙灯大灯、静态转弯灯泡、转向灯）	
13	M52 右侧静态转向照明灯芯 （氙灯控制单元、边灯、氙灯大灯、静态转弯灯泡、转向灯）	
14	V318 左侧动态转向伺服电机	
15	V319 右侧动态转向伺服电机	

续表

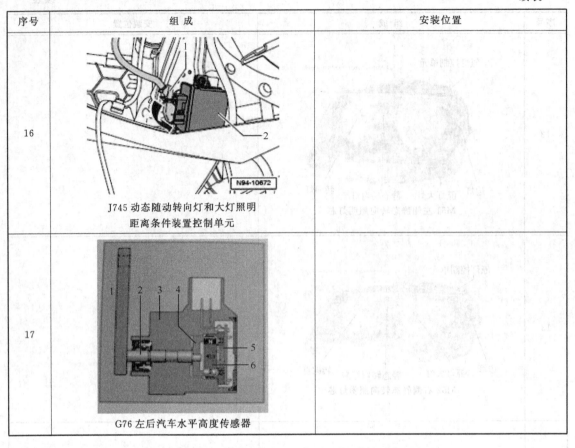

序号	组 成	安装位置
16	J745 动态随动转向灯和大灯照明距离条件装置控制单元	
17	G76 左后汽车水平高度传感器	

3. 描述随动转向大灯系统的工作原理

_____

_____

_____

六、编制迈腾随动转向大灯功能失效故障鱼骨图

查阅汽车维修手册或网络资源，编制迈腾随动转向大灯故障鱼骨图（图 4-1-4）。

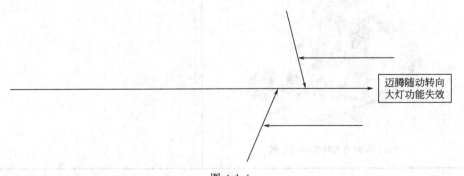

图 4-1-4

七、评价表

请根据表 4-1-5 要求对本活动中的工作和学习情况进行打分。

表 4-1-5

评分项目			配分/分	评分细则	自评得分	小组评价	教师评价
素养(20分)	纪律情况(5分)	不迟到、早退	1	违反一次不得分			
		积极思考回答问题	2	根据上课统计情况得1~2分			
		三有一无(有本、笔、书,无手机)	2	不符合要求不得分			
		执行教师命令	0	此为否定项,违规酌情扣10~100分,违反校规按校规处理			
	职业道德(5分)	能与他人合作	3	不符合要求不得分			
		追求完美	2	对工作精益求精(能提出改进建议)且效果明显得2分			
	5S(5分)	场地、设备整洁干净	2	使用的工位、设备整洁无杂物,得2分;不合格不得分			
		零部件、工具摆放	2	整齐规范得2分;不合格不得分			
		服装整洁,不佩戴饰物	1	全部合格得1分			
	综合能力(5分)	阅读理解能力	5	2min内正确描述任务名称及要求得5分;超时或表达不完整得3分;其余不得分			
		创新能力(加分项)	5	新渠道正确查阅资料、优化基本检查顺序等,视情况得1~5分			
核心技术(60分)	迈腾大灯随动转向功能失效故障的任务分析(25分)	任务分析	2	完整得2分;漏一项扣1分			
		案例分析	3	分析正确得3分;错一项扣1分			
		确认故障现象	3	全部正确得3分;错一项扣1分			
		正确分析灯光组成及作用	10	清晰准确得10分;错一项扣2分			
		资料使用	2	正确查阅维修手册得2分;错误不得分			
		时间要求	2	120min内完成得2分;每超过3min扣1分			
		质量要求	3	作业项目完整正确每项得1分;错项漏项一项扣2分			
		安全要求	0	违反一项不得分			
	编制鱼骨图(35分)	故障点齐全(17个点)	17	全部正确得17分;错一项扣1分			
		层次结构正确	12	全部正确得12分;错一项扣2分			
		时间要求	6	35min内完成得6分;超时2min扣1分			
		提炼增项(加分项)	5	项目分类、顺序有创新,视情况得1~5分			
工作页完成情况(20分)	按时完成工作页	按时提交	5	按时提交得5分;迟交不得分			
		内容完成程度	5	按情况分别得1~5分			
		回答准确率	5	视情况分别得1~5分			
		字迹书面整洁	5	视情况分别得1~5分			
总分							
综合得分(自评20%,小组评价30%,教师50%)							
教师评价签字:				组长签字:			
请根据以上打分情况,对本活动当中的工作和学习状态进行总体评述(从素养的自我提升方面、职业能力的提升方面进行评述,分析自己的不足之处,描述对不足之处的改进措施)。							
教师指导意见:							

学习活动二：制订方案

建议学时：8学时

学习要求：能够描述迈腾大灯随动转向系统各组成部分的工作原理，正确选用工具和材料，并最终编制维修方案。具体工作步骤及要求见表4-2-1。

表 4-2-1

序号	工作步骤	要求	时间	备注
1	描述迈腾大灯随动转向系统各组成部分作用	能够正确简述控制单元、大灯内部组成部分的作用及工作原理	3学时	
2	分析电脑检测数据	能够正确分析电脑检测数据对大灯随动转向的影响	1学时	
3	编制维修检查步骤	在45min内完成，检查步骤符合项目分类，实现操作方便维修时间缩短	1学时	
4	选用工具和材料	工具、材料清单完整，型号符合迈腾车型和客户需求	0.5学时	
5	制订维修方案	任务描述清晰，检验标准符合厂家要求，工量具材料、维修内容和要求与流程表及维修手册对应	2.5学时	

一、描述迈腾随动转向大灯系统各部件组成及作用

1. 描述迈腾大灯转向系统各控制单元的作用（表 4-2-2）

表 4-2-2

序号	组 成	作 用
1	J533 网关	
2		当系统有故障时通过故障报警灯显示系统故障
3	J104 ABS 控制单元	通过 ABS 轮速传感器采集车速信号，识别车速
4	J527 转向柱控制单元	
5	J519 中央电器控制单元	向大灯供电
6	G85 转向角度传感器	向转向柱控制单元提供转向方向及角度信号
7	J220 发动机控制单元	
8	J667 左侧大灯电源模块	
9		控制大灯内部电源
10	J343 左侧大灯控制单元	根据外部信号控制大灯调节
11		根据外部信号控制大灯调节
12	M51 左侧静态转向照明灯芯	左侧静态照明
13		右侧静态照明
14		调整大灯照射角度
15	V319 右侧动态转向伺服电机	调整大灯照射角度
16		控制随动转向
17		识别车辆水平高度

2. 标注图 4-2-1 前照灯内部组成名称

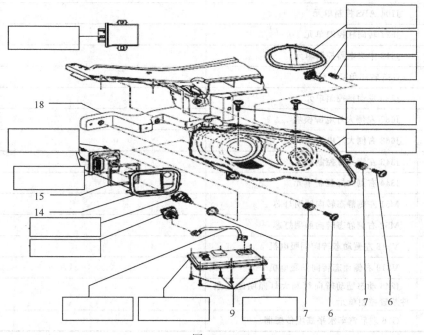

图 4-2-1

3. 描述随动转向大灯执行电机的工作过程（表 4-2-3）

表 4-2-3

执行电机安装位置图	简述执行电机工作过程
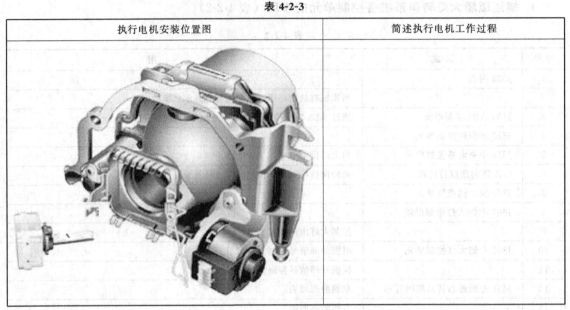	

二、总结迈腾随动转向大灯系统各部件检查内容

查阅维修资料或网络资源，将迈腾大灯随动转向的检查内容填入表 4-2-4。

表 4-2-4

序号	项目	检查内容
1	J533 网关	
2	J285 仪表控制单元	
3	J104 ABS 控制单元	
4	J527 转向柱控制单元	
5	J519 中央电器控制单元	
6	G85 转向角度传感器	
7	J220 发动机控制单元	
8	J667 左侧大灯电源模块	
9	J668 右侧大灯电源模块	
10	J343 左侧大灯控制单元	
11	J344 右侧大灯控制单元	
12	M51 左侧静态转向照明灯芯	
13	M52 右侧静态转向照明灯芯	
14	V318 左侧动态转向伺服电机	
15	V319 右侧动态转向伺服电机	
16	J745 动态随动转向灯和大灯照明距离条件装置控制单元	
17	G76 左后汽车水平高度传感器	

三、编制检查步骤

查阅维修手册或网络资源，编制迈腾大灯随动转向功能失效维修检查步骤，填入表 4-2-5。

表 4-2-5

序号	检查步骤
1	
2	
3	
4	
5	
6	
7	
8	
9	
10	

四、编制工量具清单

查阅维修手册，根据维修单，编制工具、材料清单，填入表 4-2-6。

表 4-2-6

工具名称	规格	材料名称	规格

五、编制维修方案

根据表 4-2-7 编制维修方案。

表 4-2-7

方案名称_____

1. 任务目标及依据
（填写说明：概括说明本次任务要达到的目标及相关文件和技术资料）

续表

2. 工作内容安排
（填写说明：列出工作流程、工作要求、工量具材料、人员及时间安排等）

工作流程	工作要求	工量具材料	人员安排	时间安排

3. 验收标准
（填写说明：本项目最终的验收相关项目的标准）

4. 有关安全注意事项及防护措施等
（填写说明：对随动大灯检查的安全注意事项及防护措施、废弃物处理等进行具体说明）

六、评价表

请根据表 4-2-8 要求对本活动中的工作和学习情况进行打分。

表 4-2-8

	评分项目		配分/分	评分细则	自评得分	小组评价	教师评价
素养(20分)	纪律情况(5分)	不迟到、早退	1	违反一次不得分			
		积极思考回答问题	2	根据上课统计情况得1~2分			
		三有一无(有本、笔、书,无手机)	2	不符合要求不得分			
		执行教师命令	0	此为否定项,违规酌情扣10~100分,违反校规按校规处理			
	职业道德(5分)	能与他人合作	3	不符合要求不得分			
		追求完美	2	对工作精益求精(能提出改进建议)且效果明显得2分			
	5S(5分)	场地、设备整洁干净	2	使用的工位、设备整洁无杂物,得2分;不合格不得分			
		零部件、工具摆放	2	整齐规范得2分;不合格不得分			
		服装整洁,不佩戴饰物	1	全部合格得1分			
	综合能力(5分)	阅读理解能力	5	2min内正确描述任务名称及要求得5分;超时或表达不完整得3分;其余不得分			
		创新能力(加分项)	5	新渠道正确查阅资料、优化基本检查顺序等,视情况得1~5分			
核心技术(60分)	迈腾大灯随动转向系统组成及工作原理分析(22分)	网关分析	4	分析正确得4分;漏一项扣2分			
		控制单元分析	5	分析正确得5分;错一项扣2分			
		传感器分析	4	分析正确得4分;错一项扣1分			
		灯光分析	2	分析正确得2分			
		电机分析	1	分析正确得1分;错一项扣1分			
		灯芯分析	1	分析正确得1分;错一项扣1分			
		电路分析	1	分析正确得1分;错一项扣1分			
		电磁阀分析	1	分析正确得1分;错一项扣1分			
		供电模块分析	3	分析正确得3分;错一项扣1分			
	编制检查步骤(4分)	资料使用	2	正确查阅维修手册得2分;错误不得分			
		项目完整	1	完整得1分;错项漏项一项扣1分			
		提炼增项	1	正确得1分			

续表

评分项目			配分/分	评分细则	自评得分	小组评价	教师评价
核心技术(60分)	编制工具清单(4分)	工量具选用和使用	1	全部正确得1分;错一项扣1分			
		时间要求	1	15min内完成得1分;每超过3min扣1分			
		质量要求	1	作业项目完整正确得1分			
		安全要求	1	违反一项基本检查不得分			
	编制维修方案(30分)	编制依据	3	编制依据正确得3分;错一项扣1分			
		工作流程	10	流程合理可行,逻辑清晰,内容完整得10分;错项漏项扣1分			
		工作要求	8	内容完整,要求项目正确可靠得8分;错项扣1分			
		人员安排	3	安排正确合理得3分;错误扣1分			
		时间安排	3	安排正确合理得3分;错误扣1分			
		验收标准	3	标准正确合理,齐全得3分;错项漏项扣1分			
工作页完成情况(20分)	按时完成工作页	按时提交	5	按时提交得5分;迟交不得分			
		内容完成程度	5	按情况分别得1~5分			
		回答准确率	5	视情况分别得1~5分			
		字迹书面整洁	5	视情况分别得1~5分			
总分							
综合得分(自评20%,小组评价30%,教师50%)							

教师评价签字: 　　　　　　　　　　　　　组长签字:

请根据以上打分情况,对本活动当中的工作和学习状态进行总体评述(从素养的自我提升方面、职业能力的提升方面进行评述,分析自己的不足之处,描述对不足之处的改进措施)。

教师指导意见:

学习活动三：实施维修

建议学时：12学时

学习要求：通过该活动，能够完成随动转向大灯系统主要部件的检修和基本设定。具体工作步骤及要求见表4-3-1。

表 4-3-1

序号	工作步骤	要　　求	时间	备注
1	控制单元的拆装与检验	按照维修手册要求，正确拆装与检查网关、仪表、ABS、中央电气、发动机、左/右侧大灯控制单元、转向灯和大灯照明距离条件装置控制单元、电源模块	3.5学时	
2	灯芯拆装与检验	按照维修手册要求，正确完成左/右侧静态照明灯芯拆装与检验	0.5学时	
3	电机拆装与检验	按照维修手册要求，正确完成左/右侧动态转向伺服电机拆装与检验	3学时	
4	传感器拆装与检验	按照维修手册要求，正确完成汽车水平高度传感器拆装与检验	1学时	
5	基本设定	能够正确操作完成灯光的基本设定	4学时	

一、检查准备工作

1. 实习场地 5S 检查

2. 工具、量具准备

3. 安全注意事项

二、检查控制单元并填写记录单

1. 检查网关控制单元（表 4-3-2）

表 4-3-2

网关控制单元	拆装步骤及注意事项	失效影响	检查方法	检查结果
J533		各个控制单元之间无法通信,车辆无法启动		

2. 检查仪表控制单元（表 4-3-3）

表 4-3-3

仪表控制单元	拆装步骤及注意事项

失效影响	检查方法	检查结果
	电脑读取故障码,有无无法通信或相关故障信息	

3. 检查 ABS 控制单元 (表 4-3-4)

表 4-3-4

ABS 控制单元	拆装步骤及注意事项
失效影响	检查方法	检查结果

4. 检查中央电气控制单元 (表 4-3-5)

表 4-3-5

检查内容	拆装步骤及注意事项	失效影响	检查方法	检查结果
检查中央电气控制单元				

5. 检查发动机控制单元 (表 4-3-6)

表 4-3-6

发动机控制单元	拆装步骤及注意事项

失效影响	检查方法	检查结果

6. 检查右侧大灯控制单元（表 4-3-7）

表 4-3-7

右侧大灯控制单元	拆装步骤及注意事项

失效影响	检查方法	检查结果

7. 检查左侧大灯控制单元（表 4-3-8）

表 4-3-8

检查内容	检查结果
左侧大灯控制单元	

任务四　迈腾随动转向大灯失效故障诊断与排除

8. 检查转向灯和大灯照明距离条件装置控制单元（表 4-3-9）

表 4-3-9

转向灯和大灯照明距离 条件装置控制单元	拆装步骤及注意事项
失效影响	检查方法	检查结果

9. 检查电源模块（表 4-3-10）

表 4-3-10

电源模块	拆装步骤及注意事项
失效影响	检查方法	检查结果

三、检查左/右侧大灯灯芯并填写记录单

1. 检查右侧大灯灯芯（表 4-3-11）

表 4-3-11

右侧大灯灯芯	拆装步骤及注意事项
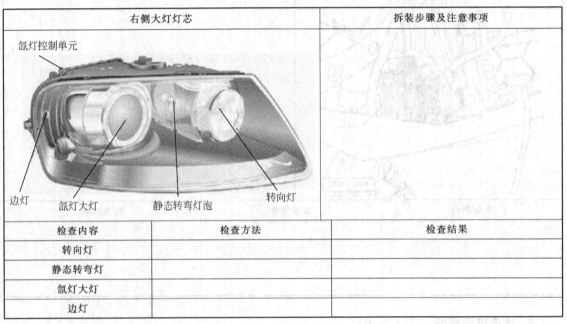 氙灯控制单元　氙灯大灯　静态转弯灯泡　转向灯　边灯	

检查内容	检查方法	检查结果
转向灯		
静态转弯灯		
氙灯大灯		
边灯		

2. 检查左侧大灯灯芯（表 4-3-12）

表 4-3-12

检查内容	检查方法	检查结果
转向灯		
静态转弯灯		
氙灯大灯		
边灯		

四、检查电机并填写记录单

1. 检查左侧控制电机（表 4-3-13）

表 4-3-13

电源模块	拆装步骤及注意事项

任务四 迈腾随动转向大灯失效故障诊断与排除

续表

失效影响	检查方法	检查结果

2. 检查检查右侧控制电机（表 4-3-14）

表 4-3-14

检查内容	检查结果
右侧控制电机	

五、检查传感器并填写记录单

将相关记录填入表 4-3-15。

表 4-3-15

检查内容	拆装步骤及注意事项	失效影响	检查方法	检验方法及结果
汽车水平高度传感器				

六、完成基本设定

1. 描述基本设定的条件（表 4-3-16）

表 4-3-16

(1) 哪些情况下需要做基本设定？	(2) 基本设定的前提条件有哪些？
① 大灯范围控制单元-J431 被重新编码 ② 已经进行了匹配 ③ 新安装了大灯 ④ 高度传感器支架被更换 ⑤ _____ ⑥ _____ ⑦ _____ ⑧ _____ ⑨ _____	① 步进电机没有故障 ② 高度水平传感器没有故障 ③ 大灯范围控制单元 J745～J431 必须被编码 ④ _____ ⑤ _____ ⑥ _____
(3) 基本设定的过程需要满足下列条件	
① 车辆必须在平坦的地面上 ② 车辆不能有负载 ③ 车灯必须接通 ④ _____	⑤ _____ ⑥ _____ ⑦ _____

2. 完成基本设定编码的操作并记录过程（表 4-3-17）

表 4-3-17

第一步	第二步	第三步
操作步骤记录	操作步骤记录	操作步骤记录
完成情况记录	完成情况记录	完成情况记录
第四步	第五步	第六步

续表

任务四 迈腾随动转向大灯失效故障诊断与排除

操作步骤记录	操作步骤记录	操作步骤记录
完成情况记录	**完成情况记录**	**完成情况记录**
第七步		**操作步骤记录**
引导型故障查寻 功能测试 自动大灯光程控制，基本设置 Volkswagen V07.59.00 31/10/2005 1K - Bora 2006，其他国家和地区 > 2006 (6) Sedan BGP 2.5L Motronic / 110 kW 测试结束！		
		完成情况记录

七、操作评价表

根据表 4-3-18 进行操作评价。

表 4-3-18

环节	评价点	配分	教师评价
控制单元检查与更换（40分）	网关控制单元的检查(5分)	检查正确得 5 分；错一项扣 1 分	
	仪表控制单元的检查(5分)	检查正确得 5 分；错一项扣 1 分	
	ABS 控制单元的更换(5分)	检查正确得 5 分；错一项扣 1 分	
	中央电气控制单元检查(5分)	检查正确得 5 分；错一项扣 1 分	
	发动机控制单元检查(5分)	检查正确得 5 分；错一项扣 1 分	
	左/右侧大灯控制单元检查(5分)	检查正确得 5 分；错一项扣 1 分	
	转向灯和大灯照明距离装置控制单元检查(5分)	检查正确得 5 分；错一项扣 1 分	
	电源模块检查(5分)	检查正确得 5 分；错一项扣 1 分	
灯芯检查（20分）	右侧静态照明灯芯检查(10分)	检查正确得 10 分；错一项扣 2 分	
	左侧静态照明灯芯检查(10分)	检查正确得 10 分；错一项扣 2 分	
电机检查(10分)	左侧动态转向伺服电机(5分)	检查正确得 5 分；错一项扣 1 分	
	右侧动态转向伺服电机(5分)	检查正确得 5 分；错一项扣 1 分	
	其他检查(2分)创新点(加分项)	有其他检查得 2 分；没有不加分	
传感器检测更换(10分)	汽车水平高度传感器(10分)	检查正确得 10 分；错一项扣 2 分	
基本设定(20分)	基本设定编码的操作(20分)	检查正确得 20 分；错一项扣 4 分	

（共 100 分，占评价表的 45%）

八、评价表

请根据表 4-3-19 要求对本活动中的工作和学习情况进行打分。

表 4-3-19

评分项目			配分/分	评分细则	自评得分	小组评价	教师评价
素养(20分)	纪律情况(5分)	不迟到、早退	1	违反一次不得分			
		积极思考回答问题	2	根据上课统计情况得1~2分			
		三有一无(有本、笔、书,无手机)	2	不符合要求不得分			
		执行教师命令	0	此为否定项,违规酌情扣10~100分,违反校规按校规处理			
	职业道德(5分)	能与他人合作	3	不符合要求不得分			
		追求完美	2	对工作精益求精(能提出改进建议)且效果明显得2分			
	5S(5分)	场地、设备整洁干净	2	使用的工位、设备整洁无杂物,得2分;不合格不得分			
		零部件、工具摆放	2	整齐规范得2分;不合格不得分			
		服装整洁,不佩戴饰物	1	全部合格得1分			
	综合能力(5分)	阅读理解能力	5	2min内正确描述任务名称及要求得5分;超时或表达不完整得3分;其余不得分			
		创新能力(加分项)	5	新渠道正确查阅资料、优化基本检查顺序等,视情况得1~5分			
核心技术(60分)	随动大灯各部件的检修(45分)	详见操作评价表4-3-19					
	工具选用(15分)	工量具选用	5	全部正确得5分;错一项扣1分			
		使用方法	5	使用方法正确得5分;错一项扣1分			
		安全要求	5	违反一项基本检查不得分			
工作页完成情况(20分)	按时完成工作页	按时提交	5	按时提交得5分;迟交不得分			
		内容完成程度	5	按情况分别得1~5分			
		回答准确率	5	视情况分别得1~5分			
		字迹书面整洁	5	视情况分别得1~5分			
总分							
综合得分(自评20%,小组评价30%,教师50%)							

教师评价签字:　　　　　　　　　　　　　　　组长签字:

请根据以上打分情况,对本活动当中的工作和学习状态进行总体评述(从素养的自我提升方面、职业能力的提升方面进行评述,分析自己的不足之处,描述对不足之处的改进措施)。

教师指导意见:

学习活动四：竣工检验

建议学时：4学时

学习要求：通过该活动，能够完成大灯随动转向系统竣工检验，并编制填写竣工检验报告。具体工作步骤及要求见表4-4-1。

表 4-4-1

序号	工作步骤	要　　求	时间	备注
1	随动大灯系统拆装部位检验	按照维修手册的要求检查各部件的安装是否合格	1学时	
2	路试	根据车辆检验单完成路试	1学时	
3	编制、填写竣工检验单	能够独立编制、填写竣工检验单给出合理的使用保养建议	1.5学时	
4	打扫场地卫生，合理处理废弃物	打扫场地卫生，擦拭使用工具、量具、检测仪器，合理处理废弃物	0.5学时	

任务四 迈腾随动转向大灯失效故障诊断与排除

一、查询电气检验标准

查阅 GB 7258—2012《机动车运行安全技术条件》和《迈腾维修手册》大灯随动转向系统竣工检验标准。

_____
_____
_____
_____
_____

二、路试检查

1. 路试前检查各部件并记录检查结果（表 4-4-2）

表 4-4-2

序号	名称	检查标准	检查结果
1	网关控制单元		
2	仪表控制单元		
3	ABS 控制单元		
4	中央电气控制单元		
5	发动机控制单元		
6	左/右侧大灯控制单元		
7	转向灯和大灯照明距离条件装置控制单元检查		
8	电源模块		
9	右侧静态照明灯芯		
10	左侧静态照明灯芯		
11	左侧动态转向伺服电机		
12	右侧动态转向伺服电机		
13	汽车水平高度传感器		

2. 汽车维修竣工后路试的要求

_____
_____
_____
_____

3. 汽车维修竣工后路试时安全注意事项

_____

_____

_____

_____

_____

_____

4. 记录路试灯光检查结果（表 4-4-3）

表 4-4-3

序号	检查内容		检查标准	检查结果
1	示宽灯	前左示宽灯		
		前右示宽灯		
		后左示宽灯		
		后右示宽灯		
2	近光灯	前左近光灯（随动转向功能）		
		前右近光灯（随动转向功能）		
3	远光灯	前左远光灯（随动转向功能）		
		前右远光灯（随动转向功能）		
4	转向灯	前左转向灯		
		前右转向灯		
		后左转向灯		
		后右转向灯		
5	倒车灯	左倒车灯		
		右倒车灯		
6	制动灯	左制动灯		
		右制动灯		

任务四 迈腾随动转向大灯失效故障诊断与排除

三、填写竣工检验单

一汽大众 销售服务有限公司 交车单

服务电话：

检查项目	交车检查（是否与接车状态时相同）	备注（如与接车状态不同，请注明原因）	检查项目	交车检查	备注（如检查内容不合格，请注明原因）
车钥匙及应急钥匙	是□ 否□		客户陈述及要求已完全处理	是□ 否□	
内饰	是□ 否□		维修项目已全部完成	是□ 否□	
仪表灯显示	是□ 否□		客户车辆主要设置恢复原状	是□ 否□	
雨刮主功能	是□ 否□		实际费用与预估基本一致	是□ 否□	
天窗	是□ 否□		实际时间与预估基本一致	是□ 否□	
音响	是□ 否□		洗车质量符合标准要求	是□ 否□	
空调	是□ 否□		旧件已按客户要求处理	是□ 否□	
点烟器	是□ 否□		告知客户回访时间和方式	是□ 否□	
座椅及安全带	是□ 否□		提醒下次保养里程/时间	是□ 否□	
后视镜	是□ 否□		推荐预约并告知预约电话	是□ 否□	
玻璃升降	是□ 否□		提醒24小时服务热线	是□ 否□	
天线	是□ 否□		实际交车时间	____时____分	
备胎	是□ 否□				
随车工具	是□ 否□				
客户整体评价（请您在下述相应表格中打"√"）	非常满意！□ 满意！□		一般 □	不满意 □	非常不满意 □

严谨就是关爱 一汽-大众品质

四、成本核算

请小组讨论，回顾整个任务的工作过程，列出所使用的耗材，并参考库房管理员提供的价格清单，对此次任务的单个样品使用耗材进行成本核算，填入表4-4-4。

表 4-4-4

序号	部件名称	规格	数量	单价/元	合计
1					
2					
3					
4					
5					
6					
7					
8					
9					
10					
11					
12					
合 计					

五、使用与保养建议

（1）向客户进行说明大灯随动转向系统在日常保养中的注意事项。

（2）维修该项目后，保修期是多少？是否有相关依据？

（3）想一想：在维修过程中哪些方面能够做到资源的节省与环保？

六、评价表

请根据表 4-4-5 要求对本活动中的工作和学习情况进行打分。

表 4-4-5

评分项目			配分/分	评分细则	自评得分	小组评价	教师评价
素养(20分)	纪律情况(5分)	不迟到、早退	1	违反一次不得分			
		积极思考回答问题	2	根据上课统计情况得1~2分			
		三有一无(有本、笔、书,无手机)	2	不符合要求不得分			
		执行教师命令	0	此为否定项,违规酌情扣10~100分,违反校规按校规处理			
	职业道德(5分)	能与他人合作	3	不符合要求不得分			
		追求完美	2	对工作精益求精且效果明显得2分			
	5S(5分)	场地、设备整洁干净	2	使用的工位、设备整洁无杂物,得2分;不合格不得分			
		零部件、工具摆放	2	整齐规范得2分;不合格不得分			
		服装整洁,不佩戴饰物	1	全部合格得1分			
	综合能力(5分)	阅读理解能力	5	2min内正确描述任务名称及要求得5分;超时或表达不完整得3分;其余不得分			
		创新能力(加分项)	5	新渠道正确查阅资料、优化基本检查顺序等,视情况得1~5分			
核心技术(60分)	路试前车辆基本检查(20分)	工量具选用和使用	5	全部正确得5分;错一项扣1分			
		时间要求	5	15min内完成得5分;每超过2min扣1分			
		质量要求	10	作业项目完整正确得10分;错项漏项一项扣2分			
		安全要求	0	违反该项不得分			
	路试检测与分析(25分)	路试要求项目完整	5	完整得5分;漏一项扣1分			
		路试方法	5	全部正确得5分;错一项扣1分			
		原因分析	10	全部正确得10分;错一项扣2分			
		路试检测项目结果	5	清晰准确得5分;其他不得分			
	编制竣工检验单(15分)	资料使用	5	正确查阅维修手册得5分;错误不得分			
		项目完整	5	完整得5分;错项漏项一项扣1分			
		提炼增项	5	正确得5分;错一项扣1分			
工作页完成情况(20分)	按时完成工作页	按时提交	5	按时提交得5分;迟交不得分			
		内容完成程度	5	按情况分别得1~5分			
		回答准确率	5	视情况分别得1~5分			
		字迹书面整洁	5	视情况分别得1~5分			
总分							
综合得分(自评20%,小组评价30%,教师50%)							

教师评价签字: 　　　　　　　　　　　　　组长签字:

请根据以上打分情况,对本活动当中的工作和学习状态进行总体评述(从素养的自我提升方面、职业能力的提升方面进行评述,分析自己的不足之处,描述对不足之处的改进措施)。

教师指导意见:

学习活动五：总结拓展

建议学时：4学时

学习要求：通过本活动总结本项目的作业规范和核心技术并通过同类项目练习进行强化。具体工作步骤及要求见表4-5-1。

表 4-5-1

序号	工作步骤	要　　求	时间	备注
1	撰写技术总结报告	正确分析故障原因及故障排除方法，提出合理的保养方案	2学时	
2	同类任务拓展练习	按各活动学习活动流程和标准要求完成类似任务	2学时	

任务四 迈腾随动转向大灯失效故障诊断与排除

一、撰写技术总结

要求：(1) 字数 1000 字以上；
　　　(2) 语言表达清晰逻辑性强；
　　　(3) 能根据自身的学习过程突出个人收获与感想。

班级	姓名	日期　年　月　日

工作任务名称＿＿＿＿＿＿＿＿＿＿＿＿＿
1. 故障现象描述
2. 故障原因分析
3. 故障排除方法
4. 总结
5. 保养维护建议

教师评语

_____
_____
_____
_____

二、总结拓展

1. 总结宝马随动转向系的特点

_____

_____

2. 宝马大灯随动转向系的组成

_____

_____

_____

_____

3. 宝马大灯随动转向系系与大众迈腾有哪些区别（表 4-5-2）

表 4-5-2

项目	大众迈腾	宝马	备注
硬件组成			
软件控制方式			
设定方式			
基本功能			

4. 画出宝马大灯随动转向系失效原因的鱼骨图（图 4-5-1）

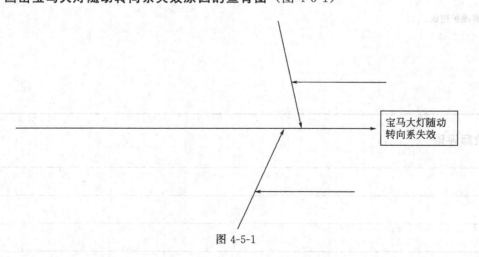

图 4-5-1

5. 编制宝马大灯随动转向系失效故障排除方案（表 4-5-3）

表 4-5-3

方案名称_____

(1)任务目标及依据
(填写说明：概括说明本次任务要达到的目标及相关文件和技术资料)

(2)工作内容安排
(填写说明：列出工作流程、工作要求、工量具材料、人员及时间安排等)

工作流程	工作要求	工量具材料	人员安排	时间安排

(3)验收标准
(填写说明：本项目最终的验收相关项目的标准)

(4)有关安全注意事项及防护措施等
(填写说明：对宝马大灯随动转向系失效的安全注意事项及防护措施、废弃物处理等进行具体说明)

三、评价表

请根据表 4-5-4 要求对本活动中的工作和学习情况进行打分。

表 4-5-4

项次		项目要求	配分/分	评分细则	自评得分	小组评价	教师评价
素养(20分)	纪律情况(5分)	不迟到、早退	1	违反一次不得分			
		积极思考回答问题	2	根据上课统计情况得1~2分			
		三有一无(有本、笔、书,无手机)	2	不符合要求不得分			
		执行教师命令	0	此为否定项,违规酌情扣10~100分,违反校规按校规处理			
	职业道德(5分)	能与他人合作	3	不符合要求不得分			
		追求完美	2	对工作精益求精且效果明显得2分			
	5S(5分)	场地、设备整洁干净	2	使用的工位、设备整洁无杂物,得2分;不合格不得分			
		零部件、工具摆放	2	整齐规范得2分;不合格不得分			
		服装整洁,不佩戴饰物	1	全部合格得1分			
	综合能力(5分)	阅读理解能力	5	2min内正确描述任务名称及要求得5分;超时或表达不完整得3分;其余不得分			
		创新能力(加分项)	5	新渠道正确查阅资料、优化基本检查顺序等,视情况得1~5分			
职业能力(60分)	技术总结(20分)	能完成技术总结	10	能够按时(40min)完成技术总结得10分;超过3分钟扣2分			
		技术总结条理清楚、分析合理	5	完整得5分;错项漏项一项扣2分			
		资料使用	5	正确查阅维修手册得5分;错误不得分			
		提炼增项(加分项)	5	有增加项目得5分;没有增加项目不得分			
	使用建议(5分)	建议价值	5	按照建议的价值得1~5分			
	宝马大灯随动转向系失效故障排除方案(35分)	资料使用	3	正确查阅维修手册得3分;错误不得分			
		检修项目完整	5	完整得5分;错项漏项一项扣1分			
		流程	15	流程正确得15分;错一项扣1分			
		标准	5	标准查阅正确完整得3分;错漏项一项扣1分			
		工具、材料	5	完整正确得5分;错项漏项一项扣1分			
		安全注意事项及防护	2	完整正确,措施有效得2分;错项漏项一项扣1分			

续表

项次		项目要求	配分/分	评分细则	自评得分	小组评价	教师评价
工作页完成情况（20分）	按时完成工作页	及时提交	5	按时提交得5分；迟交不得分			
		内容完成程度	5	按完成情况分别得1~5分			
		回答准确率	5	视准确率情况分别得1~5分			
		独立完成	5	能独立程度分别得1~5分			
		总分					
		加权平均（自评20%，小组评价30%，教师50%）					

教师评价签字： 　　　　　　　　　　　组长签字：

请根据以上打分情况，对本活动当中的工作和学习状态进行总体评述（从素养的自我提升方面、职业能力的提升方面进行评述，分析自己的不足之处，描述对不足之处的改进措施）。

教师指导意见：

四、项目总体评价

根据表4-5-5进行项目总体评价。

表 4-5-5

项次	项目内容	权重	综合得分（各活动加权平均分×权重）	备注
1	明确任务	10%		
2	制订方案	25%		
3	实施维修	30%		
4	检验交付	20%		
5	总结拓展	15%		
6	合计			
7	本项目合格与否			教师签字：

请根据以上打分情况，对本项目当中的工作和学习状态进行总体评述（从素养的自我提升方面、职业能力的提升方面进行评述，分析自己的不足之处，描述对不足之处的改进措施）。

教师指导意见：